SORBET : RECETTES RAFRAÎCHISSANTES DE DÉLICES SURGELÉS

Offrez-vous 100 saveurs fraîches et exquises de sorbets faits maison

Maxime Roche

droits d'auteur Matériel ©2024

Tous Droits Réservé

Non partie de ce livre peut être utilisé ou transmis dans n'importe lequel formulaire ou par n'importe lequel moyens sans le approprié écrit consentement de le éditeur et droits d'auteur propriétaire, sauf pour bref citations utilisé dans un revoir. Ce livre devrait pas être considéré un remplaçant pour médical, légal, ou autre professionnel conseil.

TABLE DES MATIÈRES

TABLE DES MATIÈRES...3
INTRODUCTION...7
SORBETS AUX BAIES..8
1. Sorbet fraise et biscuits Oreo...9
2. Sorbet Framboise Rouge..11
3. Sorbet aux fruits rouges...13
4. Sorbet fraise et camomille...15
5. Sorbet fraise, ananas et orange..17
6. Sorbet banane-fraise..19
7. sorbet à la framboise..21
8. Sorbet fraise Tristar..23
SORBETS EXOTIQUES..25
9. Sorbet de Jamaïque..26
10. Sorbet aux Fruits de la Passion..28
11. Sorbet Kiwi..30
12. Sorbet aux coings..32
13. Sorbet goyave..34
14. Sorbet Grenade-Gingembre..36
15. Sorbet Aux Fruits Tropicaux...38
16. Sorbet à l'açaï...40
17. Sorbet Margarita Tropical..43
18. Sorbet Litchi Rose..45
19. Sorbet Papaye Citron Vert...47
20. Sorbet Goyave Fruit de la Passion..49
SORBETS AUX FRUITS...51
21. Sorbet aux fruits à noyau...52
22. la dame du Lac..54
23. Sorbet Avocat..56
24. Sorbet à la mangue..58
25. Sorbet épicé aux bonbons au tamarin..................................60
26. Sorbet aux pommes et aux canneberges.............................63

27. Sorbet à la pastèque..65
28. Sorbet palette de cactus à l'ananas et au citron vert.....67
29. Sorbet avocat-passion..69
30. Sorbet au corossol..72
31. Sorbet Ananas Frais...74
32. Sorbet pêche blanche..76
33. Sorbet poire..78
34. Sorbet aux raisins Concord...80
35. Sorbet à la mangue diabolique..82
36. Sorbet Abricot..85
37. Sorbet cerise Bing..87
38. Sorbet Cantaloup...89
39. Sorbet aux cerises..91
40. Sorbet au jus de canneberge..93
41. Sorbet au miel..95
42. Le Sorbet Banane de Marcel Desaulnier............................97
43. Sorbet pêche, abricot ou poire..99
44. Sorbet de Poiré...101
45. Sorbet aux pommes sans sucre..103
SORBETS AUX AGRUMES...105
46. Sorbet Pamplemousse..106
47. Sorbet Yuzu Agrumes..109
48. Sorbet au citron vert d'Oaxaca..111
49. Sorbet rafraîchissant au citron vert..................................113
50. Sorbet au citron...116
51. Sorbet pamplemousse et gin...118
52. Sorbet melon et citron vert..120
53. Sorbet citron et chutney...122
54. Limonade Rose & Sorbet Oreo..124
55. Sorbet pamplemousse rubis..126
56. Sorbet Mandarine..128
57. Sorbet crémeux au babeurre et au citron........................130
58. Sorbet au poivre et aux agrumes......................................132
59. Sorbet à la noix de coco et au citron vert........................134
60. Sorbet Citron Vert..136

61. Sorbet Miel Citron..139
SORBETS AUX HERBES ET AUX FLEURS..................141
62. Moringa & Myrtille..142
63. Sorbet Pommes Menthe...144
64. Sorbet à commentaire constant...146
65. Sorbet avocat-lime infusé à la coriandre.........................148
66. Sorbet au thé vert..150
67. Sorbet au thé Earl Grey..152
68. Sorbet au thé au jasmin..154
69. Sorbet ananas-herbes..156
70. Sorbet Lavande..158
71. Sorbet à la Rose...160
72. Sorbet à l'Hibiscus..162
73. Sorbet Aux Fleurs De Sureau...164
SORBETS AUX NOIX..166
74. Orbet aux amandes...167
75. Sorbet aux galettes de riz et pâte de haricots rouges...169
76. Sorbet Pistache..171
77. Sorbet Chocolat Noisette..173
78. Sorbet noix de cajou et noix de coco................................175
79. Sorbet aux noix et à l'érable..177
SORBETS ALCOOLISÉS...179
80. Sorbet Bellini...180
81. Sorbet Fraise Champagne..182
82. pommes et casis...184
83. Sorbet Hibiscus-Sangria...186
84. Sorbet cocktail au champagne..189
85. Arc-en-ciel de Sorbets..191
86. Sorbet Daiquiri Citron Vert...194
87. Sorbet au calvados..196
SORBETS DE LÉGUMES..198
88. Sorbet à la betterave et au bortsch..................................199
89. Sorbet Tomate Basilic..202
90. Sorbet Concombre-Lime Avec Serrano Chili.................204
91. Sorbet à la pâte de haricots rouges..................................207

92. Sorbet maïs et cacao..209
93. Sorbet Concombre Menthe..212
94. Sorbet aux poivrons rouges rôtis..............................214
95. Sorbet betterave et orange..217
SOUPES SORBETS..219
96. Sorbet gaspacho...220
97. Soupe de poulet et sorbet à l'aneth..........................222
98. Sorbet Carotte Gingembre...224
99. Sorbet Consommé Aux Champignons.....................226
100. Sorbet Concombre Pastèque...................................228
CONCLUSION..230

INTRODUCTION

Bienvenue dans « SORBET : des recettes rafraîchissantes pour des délices glacés irrésistibles ». Dans ce livre de recettes, nous vous invitons à un voyage de saveurs vibrantes et alléchantes qui vous transporteront dans un monde de gourmandise glacée. Les sorbets, avec leurs profils fruités succulents, leurs textures crémeuses et leurs qualités rafraîchissantes, sont le régal parfait pour les chaudes journées d'été ou chaque fois que vous avez envie d'un délicieux dessert glacé. Que vous soyez un passionné de sorbets chevronné ou un débutant dans le monde des friandises glacées maison, ce livre de recettes vous fournira une collection de recettes faciles à suivre qui amélioreront vos compétences en matière de préparation de sorbets et vous feront découvrir des combinaisons de saveurs passionnantes. Préparez-vous à embrasser la douceur de la nature et embarquez pour une aventure cool et délicieuse avec nos alléchantes recettes de sorbets.

SORBETS AUX BAIES

1. Sorbet fraise et biscuits Oreo

INGRÉDIENTS:
- 2 boîtes de fraises au sirop
- 2 cuillères à café de jus de citron frais
- 1 cuillère à café d'essence de vanille
- 3 tasses de fraises fraîches coupées en quartiers
- 2 cuillères à café de sucre
- 2 cuillères à soupe de vinaigre balsamique
- 4 Oreos, émiettés

INSTRUCTIONS:

a) Placez les fraises en conserve, le jus de citron et l'essence de vanille dans un mélangeur ou un robot culinaire et mélangez jusqu'à consistance lisse, environ 1 minute.
b) Transférez le mélange dans une sorbetière.
c) Traiter selon les instructions du fabricant.
d) Placez les fraises fraîches dans un bol moyen.
e) Saupoudrez de sucre et mélangez-les soigneusement.
f) Ajoutez le vinaigre balsamique et remuez délicatement. Laisser reposer 15 minutes en remuant de temps en temps.
g) Versez le sorbet fraise dans des bols. Répartissez les fraises sur le sorbet.
h) Versez le jus accumulé dans le bol sur les fraises, puis saupoudrez d'Oreos sur les fraises et servez.

2. Sorbet Framboise Rouge

INGRÉDIENTS:

- 5 pintes de framboises
- 1⅓ tasse de sucre
- 1 tasse de sirop de maïs
- ½ tasse de vodka

INSTRUCTIONS:

a) Préparation Réduire en purée les framboises dans un robot culinaire jusqu'à consistance lisse. Passer au tamis pour retirer les graines.

b) Cuire Mélangez la purée de framboise, le sucre et le sirop de maïs dans une casserole de 4 litres et portez à ébullition à feu moyen-vif, en remuant pour dissoudre le sucre. Retirer du feu, transférer dans un bol moyen et laisser refroidir.

c) Mettre au frais Placer le fond de sorbet au réfrigérateur et réfrigérer au moins 2 heures.

d) Congeler Sortez le fond de sorbet du réfrigérateur et ajoutez la vodka. Retirez le bidon congelé du congélateur, assemblez votre machine à glace et allumez-la. Versez le fond de sorbet dans le pot et essorez jusqu'à obtenir la consistance d'une crème chantilly très délicatement.

e) Emballez le sorbet dans un récipient de conservation. Appuyez une feuille de papier sulfurisé directement contre la surface et fermez-la avec un couvercle hermétique.

f) Congeler dans la partie la plus froide de votre congélateur jusqu'à ce qu'il soit ferme, au moins 4 heures.

3. Sorbet aux fruits rouges

INGRÉDIENTS:
- 3 tasses de baies mélangées
- 1 tasse de sucre
- 2 tasses d'eau
- Jus d'1 citron vert
- ½ cuillère à café de sel casher

INSTRUCTIONS:
a) Dans un bol, mélanger toutes les baies et le sucre. Laisser macérer les baies à température ambiante pendant 1 heure jusqu'à ce qu'elles libèrent leur jus.

b) Transférez les baies et leur jus dans un mixeur ou un robot culinaire et ajoutez l'eau, le jus de citron vert et le sel. Pulser jusqu'à ce que le tout soit bien mélangé. Transférer dans un récipient, couvrir et réfrigérer jusqu'à ce qu'il soit froid, au moins 2 heures ou jusqu'au lendemain.

c) Congeler et baratter dans une sorbetière selon les instructions du fabricant. Pour une consistance moelleuse, servez le sorbet aussitôt ; pour une consistance plus ferme, transférez-le dans un récipient, couvrez-le et laissez-le durcir au congélateur pendant 2 à 3 heures.

4. Sorbet fraise et camomille

INGRÉDIENTS:
- ¾ tasse d'eau
- ½ tasse de miel
- 2 cuillères à soupe de bourgeons de camomille
- 15 grosses fraises, surgelées
- ½ cuillère à café de cardamome moulue
- 2 cuillères à café de feuilles de menthe fraîche

INSTRUCTIONS:

a) Portez l'eau à ébullition et ajoutez le miel, la cardamome et la camomille.

b) Retirer du feu après 5 minutes et réfrigérer jusqu'à ce qu'il soit très froid.

c) Placez les fraises surgelées dans un robot culinaire et hachez-les finement.

d) Ajouter le sirop refroidi et mélanger jusqu'à obtenir une consistance très lisse.

e) Verser et conserver dans un récipient au congélateur. Servir avec des feuilles de menthe.

5. Sorbet fraise, ananas et orange

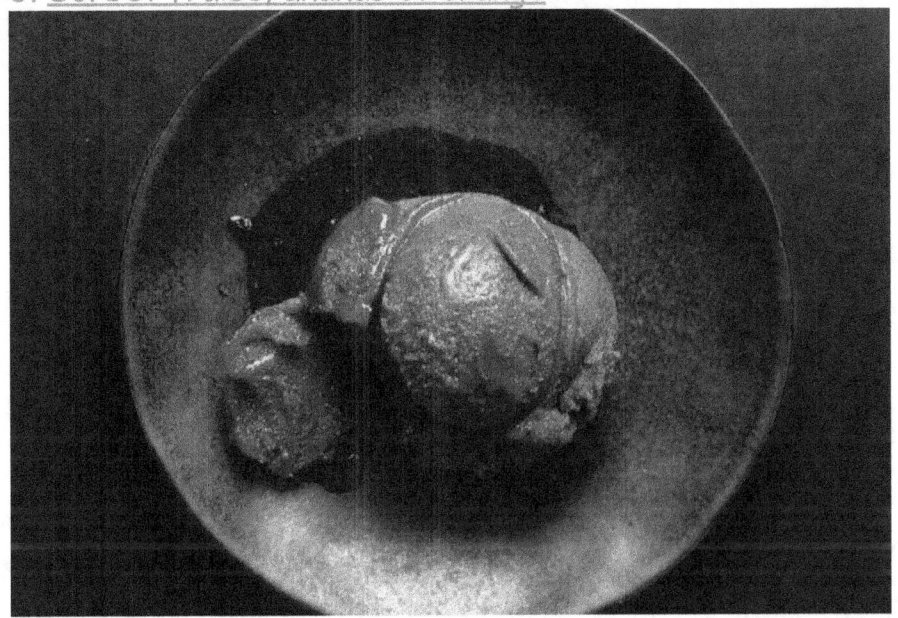

INGRÉDIENTS :
- 1¼ livre de fraises, décortiquées et coupées en quartiers
- 1 tasse de sucre
- 1 tasse d'ananas en dés
- ½ tasse de jus d'orange fraîchement pressé
- Jus d'1 petit citron vert
- ½ cuillère à café de sel casher

INSTRUCTIONS :
a) Dans un bol, mélanger les fraises et le sucre.
b) Laisser macérer les baies à température ambiante jusqu'à ce qu'elles libèrent leur jus, environ 30 minutes.
c) Dans un mixeur ou un robot culinaire, mélanger les fraises et leur jus avec l'ananas, le jus d'orange, le jus de citron vert et le sel. Réduire en purée lisse.
d) Versez le mélange dans un bol (si vous préférez un sorbet parfaitement lisse, versez le mélange dans une passoire à mailles fines posée sur le bol), couvrez et réfrigérez jusqu'à ce qu'il soit froid, au moins 2 heures ou jusqu'au lendemain.
e) Congeler et baratter dans une sorbetière selon les instructions du fabricant.
f) Pour une consistance moelleuse, servez le sorbet aussitôt ; pour une consistance plus ferme, transférez-le dans un récipient, couvrez-le et laissez-le durcir au congélateur pendant 2 à 3 heures.

6. Sorbet banane-fraise

INGRÉDIENTS :
- 2 bananes mûres
- 2 cuillères à soupe de jus de citron
- $1\frac{1}{2}$ tasse de fraises surgelées (non sucrées).
- $\frac{1}{2}$ tasse de jus de pomme

INSTRUCTIONS :

a) Coupez les bananes en tranches d'un quart de pouce, enduisez-les de jus de citron, placez-les sur une plaque à biscuits et congelez-les.

b) Une fois les bananes congelées, mixez-les avec le reste des ingrédients dans l'appareil de votre choix.

c) Servir immédiatement dans des tasses réfrigérées. Les restes ne se congèlent pas bien, mais ils aromatisent agréablement le yaourt fait maison.

7. sorbet à la framboise

INGRÉDIENTS :
- 4 onces de sucre cristallisé
- 1 livre de framboises fraîches, décongelées si congelées
- 1 citron

INSTRUCTIONS :
a) Mettez le sucre dans une casserole et ajoutez 150 ml/¼ pinte d'eau. Chauffer doucement en remuant jusqu'à ce que le sucre soit dissous. Augmentez le feu et faites bouillir rapidement pendant environ 5 minutes jusqu'à ce que le mélange soit sirupeux.
b) Retirer du feu et laisser refroidir.
c) Pendant ce temps, mettez les framboises dans un robot culinaire ou un mélangeur et réduisez-les en purée lisse. Passer le mélange au tamis non métallique pour éliminer les graines.
d) Pressez le jus du citron.
e) Versez le sirop dans un grand pichet et incorporez la purée de framboise et le jus de citron.
f) Couvrir et réfrigérer environ 30 minutes ou jusqu'à ce que le tout soit bien refroidi.
g) Versez le mélange dans la sorbetière et congelez selon les instructions.

8. Sorbet fraise Tristar

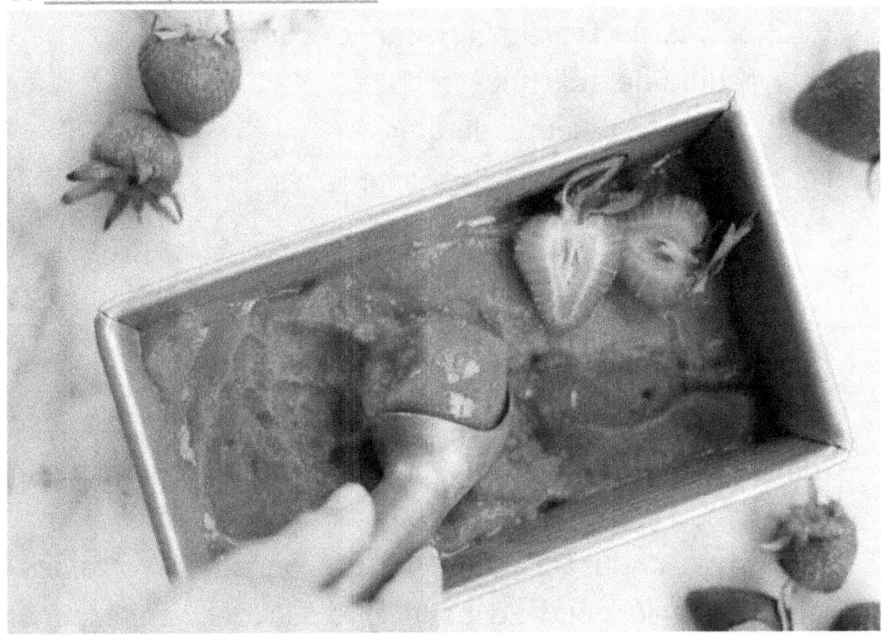

INGRÉDIENTS:
- 2 pintes de fraises Tristar, décortiquées
- 1 feuille de gélatine
- 2 cuillères à soupe de glucose
- 2 cuillères à soupe de sucre
- $\frac{1}{8}$ cuillère à café de sel casher
- $\frac{1}{8}$ cuillère à café d'acide citrique

INSTRUCTIONS:

a) Mixez les fraises dans un mixeur. Passer la purée au tamis à mailles fines dans un bol pour filtrer les pépins.

b) Faites fleurir la gélatine.

c) Faites chauffer un peu de purée de fraises et incorporez la gélatine pour la dissoudre. Incorporer le reste de la purée de fraises, le glucose, le sucre, le sel et l'acide citrique jusqu'à ce que tout soit complètement dissous et incorporé.

d) Versez le mélange dans votre sorbetière et congelez selon les instructions du fabricant. Il est préférable d'essorer le sorbet juste avant de le servir ou de l'utiliser, mais il se conserve dans un récipient hermétique au congélateur jusqu'à 2 semaines.

SORBETS EXOTIQUES

9. Sorbet de Jamaïque

INGRÉDIENTS :
- 2½ tasses de feuilles de Jamaïque séchées
- 1 litre d'eau
- ½ once de gingembre frais, finement haché 1 tasse de sucre
- 1 cuillère à soupe de jus de citron vert fraîchement pressé
- 2 cuillères à soupe de limoncello

INSTRUCTIONS :
a) Préparez le thé. Placez les feuilles de Jamaïque dans une casserole ou un bol, portez l'eau à ébullition et versez-la sur les feuilles. Couvrir et laisser infuser 15 minutes. Filtrez le thé et jetez les feuilles de Jamaïque.

b) Préparez le fond de sorbet. Mettez le gingembre dans un mélangeur, ajoutez 1 tasse de thé et mélangez jusqu'à ce qu'il soit complètement réduit en purée, 1 à 2 minutes. Ajoutez encore 1 ½ tasse de thé et mélangez à nouveau.

c) Versez le fond de sorbet dans une casserole, ajoutez le sucre et portez à ébullition en remuant pour dissoudre le sucre. Retirez la casserole du feu dès que le fond de sorbet bout. Incorporer le jus de citron vert et laisser refroidir. Réfrigérer la base jusqu'à ce qu'elle atteigne 60°F.

d) Congelez le sorbet. Ajoutez le limoncello au fond refroidi et versez-le dans une sorbetière. Congeler selon les instructions du fabricant jusqu'à ce qu'il soit congelé mais toujours fondant, 20 à 30 minutes.

10. Sorbet aux Fruits de la Passion

INGRÉDIENTS:
- 1 cuillère à café de gélatine en poudre
- 2 citrons
- 9 onces de sucre cristallisé
- 8 fruits de la passion

INSTRUCTIONS:
a) Mesurez 2 cuillères à soupe d'eau dans un petit bol ou une tasse, saupoudrez de gélatine et laissez reposer 5 minutes. Pressez le jus des citrons.

b) Mettez le sucre dans une casserole et ajoutez 300 ml/½ pinte d'eau. Chauffer doucement en remuant jusqu'à ce que le sucre soit dissous. Augmentez le feu et faites bouillir rapidement pendant environ 5 minutes jusqu'à ce que le mélange soit sirupeux.

c) Retirer du feu, ajouter le jus de citron puis incorporer la gélatine jusqu'à ce qu'elle soit dissoute.

d) Coupez les fruits de la passion en deux et, à l'aide d'une petite cuillère, versez les graines et la pulpe dans le sirop. Laisser refroidir.

e) Couvrir et réfrigérer pendant au moins 30 minutes ou jusqu'à ce que le tout soit bien refroidi.

f) Passer le sirop réfrigéré dans un tamis non métallique pour retirer les pépins.

g) Versez le mélange dans la sorbetière et congelez selon les instructions.

h) Transférer dans un récipient approprié et congeler jusqu'à ce que vous en ayez besoin.

11. Sorbet Kiwi

INGRÉDIENTS :
- 8 kiwis
- 1⅓ tasse de sirop simple
- 4 cuillères à café de jus de citron frais

INSTRUCTIONS :
a) Pelez les Kiwis. Réduire en purée au robot culinaire. Vous devriez avoir environ 2 tasses de purée.
b) Incorporer le sirop simple et le jus de citron.
c) Versez le mélange dans le bol de la sorbetière et congelez. Veuillez suivre le manuel d'instructions du fabricant.

12. Sorbet aux coings

INGRÉDIENTS:
- 1½ livre de coings mûrs (environ 4 petits à moyens)
- 6 tasses d'eau
- 1 morceau (3 pouces) de cannelle mexicaine
- ¾ tasse de sucre
- Jus de ½ citron
- Pincée de sel casher

INSTRUCTIONS:
a) Épluchez, coupez en quartiers et épépinez les coings.
b) Mettez les morceaux dans une casserole et ajoutez l'eau, la cannelle et le sucre.
c) Cuire à découvert à feu moyen, en remuant de temps en temps, jusqu'à ce que les coings soient très tendres, environ 30 minutes, en veillant à ce que le mélange mijote toujours et ne bout jamais.
d) Retirer du feu, couvrir et laisser refroidir 2 à 3 heures ; la couleur s'assombrira pendant ce temps.
e) Retirez et jetez la cannelle. Transférez le mélange de coings dans un mélangeur, ajoutez le jus de citron et le sel et réduisez en purée lisse.
f) Versez le mélange dans une passoire à mailles fines placée au-dessus d'un bol. Couvrir et réfrigérer jusqu'à ce qu'il soit froid, au moins 2 heures ou jusqu'au lendemain.
g) Congeler et baratter dans une sorbetière selon les instructions du fabricant.
h) Pour une consistance moelleuse, servez le sorbet aussitôt ; pour une consistance plus ferme, transférez-le dans un récipient, couvrez-le et laissez-le durcir au congélateur pendant 2 à 3 heures

13. Sorbet goyave

INGRÉDIENTS:
- 1 feuille de gélatine
- 325 g de nectar de goyave [1¼ tasse]
- 100 g de glucose [¼ tasse]
- 0,25 g de jus de citron vert [⅛ cuillère à café]
- 1 g de sel casher [¼ cuillère à café]

INSTRUCTIONS:
a) Faites fleurir la gélatine.
b) Réchauffez un peu de nectar de goyave et incorporez la gélatine pour la dissoudre. Incorporer le reste du nectar de goyave, le glucose, le jus de citron vert et le sel jusqu'à ce que tout soit complètement dissous et incorporé.
c) Versez le mélange dans votre sorbetière et congelez selon les instructions du fabricant. Il est préférable d'essorer le sorbet juste avant de le servir ou de l'utiliser, mais il se conserve dans un récipient hermétique au congélateur jusqu'à 2 semaines.

14. Sorbet Grenade-Gingembre

INGRÉDIENTS:
- 1 tasse de sucre cristallisé
- ½ tasse d'eau
- 1 cuillère à soupe de gingembre frais haché grossièrement
- 2 tasses de jus de grenade 100 %
- ¼ tasse de liqueur Saint-Germain facultatif

GARNIR:
- arilles de grenade fraîches facultatif

INSTRUCTIONS:
a) Mélangez le sucre, l'eau et le gingembre dans une petite casserole. Porter à ébullition, réduire le feu et laisser mijoter en fouettant de temps en temps jusqu'à ce que le sucre soit complètement dissous. Transférer dans un récipient, couvrir et laisser refroidir complètement au réfrigérateur. Cela prendra au moins 20 à 30 minutes, voire plus.

b) Une fois le sirop simple refroidi, filtrez-le à travers un tamis à mailles fines placé au-dessus d'un grand bol à mélanger. Jetez les morceaux de gingembre. Ajouter le jus de grenade et la liqueur Saint-Germain dans le bol avec le sirop. Bien mélanger.

c) Barattez le mélange dans une sorbetière selon les instructions du fabricant. Le sorbet est prêt lorsqu'il ressemble à la texture d'une barbotine épaisse.

d) Transférez le sorbet dans un récipient hermétique, couvrez la surface d'une pellicule plastique et congelez pendant 4 à 6 heures supplémentaires, ou idéalement toute la nuit. Servir et garnir d'arilles de grenade fraîches.

15. Sorbet Aux Fruits Tropicaux

INGRÉDIENTS:

- 8 onces de fruits mélangés hachés, comme la mangue, la papaye et l'ananas
- 5$\frac{1}{2}$ onces de sucre en poudre
- 1 cuillère à soupe de jus de citron vert

INSTRUCTIONS:

a) Versez les fruits dans un robot culinaire ou un mixeur. Ajoutez le sucre, le jus de citron vert et 7 onces d'eau. Réduire en purée lisse.

b) Transférer dans un pichet, couvrir et réfrigérer pendant environ 30 minutes ou jusqu'à ce qu'il soit bien refroidi.

c) Versez le mélange dans la sorbetière et congelez selon les instructions.

d) Transférer dans un récipient approprié et congeler jusqu'à ce que vous en ayez besoin.

16. Sorbet à l'açaï

INGRÉDIENTS:
- 2 tasses de myrtilles fraîches
- un limon
- 14 onces de purée de baies d'Açaí pure et non sucrée surgelée
- ½ tasse) de sucre
- ⅔ tasse d'eau

INSTRUCTIONS:
a) Allumez votre cuisinière à feu moyen et portez l'eau à ébullition dans une petite casserole. Une fois à ébullition, versez le sucre et remuez pour le dissoudre complètement.

b) Une fois le sucre dissous, retirez la casserole du feu et ajoutez un peu de zeste de citron vert. Laissez-le refroidir de côté pendant que vous travaillez sur les autres parties du sorbet.

c) Sortez votre mixeur et mettez-y la pulpe de baies d'açaí, les myrtilles et 2 cuillères à soupe de jus de citron vert. Appuyez sur le bouton « mélanger » et réduisez ce mélange en purée jusqu'à ce qu'il soit bien lisse.

d) Maintenant, ajoutez le sucre et l'eau de citron vert dans le mélangeur et appuyez à nouveau sur « mélanger ».

e) Maintenant que le mélange est parfaitement homogène, ouvrez votre sorbetière et versez-la dans le bol. Faites-le baratter pendant environ 30 minutes ou jusqu'à ce que le sorbet épaississe.

f) Transférez le sorbet dans un récipient et mettez-le au congélateur. Cela devrait prendre au moins 2 heures pour qu'il se raffermisse. À ce moment-là, vous pourrez vous offrir un sorbet !

17. Sorbet Margarita Tropical

INGRÉDIENTS:
- 1 tasse de sucre
- 1 tasse de purée de fruits de la passion
- 1½ livre de mangues mûres, pelées, dénoyautées et coupées en cubes
- Le zeste râpé de 2 citrons verts
- 2 cuillères à soupe de tequila Blanco (blanche)
- 1 cuillère à soupe de liqueur d'orange
- 1 cuillère à soupe de sirop de maïs léger
- ½ cuillère à café de sel casher

INSTRUCTIONS:
a) Dans une petite casserole, mélangez le sucre et la purée de fruit de la passion.
b) Porter à ébullition à feu moyen en remuant pour dissoudre le
c) sucre. Retirer du feu et laisser refroidir.
d) Dans un mixeur, mélanger le mélange de fruits de la passion, les cubes de mangue, le zeste de citron vert, la tequila, la liqueur d'orange, le sirop de maïs et le sel. Réduire en purée lisse. Versez le mélange dans un bol, couvrez et réfrigérez jusqu'à ce qu'il soit froid, au moins 4 heures ou jusqu'au lendemain.
e) Congeler et baratter dans une sorbetière selon les instructions du fabricant. Pour une consistance moelleuse (la meilleure selon moi), servez le sorbet aussitôt ; pour une consistance plus ferme, transférez-le dans un récipient, couvrez-le et laissez-le durcir au congélateur pendant 2 à 3 heures.

18. Sorbet Litchi Rose

INGRÉDIENTS:
- 2 tasses de litchis en conserve, égouttés
- ½ tasse) de sucre
- ¼ tasse d'eau
- 2 cuillères à soupe d'eau de rose
- Jus d'1 citron vert

INSTRUCTIONS:
a) Dans un mélangeur ou un robot culinaire, mélanger le litchi, le sucre, l'eau, l'eau de rose et le jus de citron vert. Mélanger jusqu'à consistance lisse.

b) Versez le mélange dans une sorbetière et barattez selon les instructions du fabricant.

c) Une fois baratté, transférez le sorbet dans un récipient à couvercle et congelez-le pendant quelques heures pour le raffermir.

d) Servez le sorbet litchi rose dans des bols ou des verres réfrigérés pour un dessert délicat et floral.

19. Sorbet Papaye Citron Vert

INGRÉDIENTS :

- 2 tasses de papaye mûre, pelée et coupée en dés
- ½ tasse) de sucre
- ¼ tasse d'eau
- Jus de 2 citrons verts
- Zeste de citron vert pour la garniture (facultatif)

INSTRUCTIONS :

a) Dans un mixeur ou un robot culinaire, mélanger les dés de papaye, le sucre, l'eau et le jus de citron vert. Mélanger jusqu'à consistance lisse.

b) Versez le mélange dans une sorbetière et barattez selon les instructions du fabricant.

c) Une fois baratté, transférez le sorbet dans un récipient à couvercle et congelez-le pendant quelques heures pour le raffermir.

d) Servir le sorbet papaye citron vert dans des bols ou des verres réfrigérés.

e) Garnir de zeste de citron vert, si désiré, pour un dessert rafraîchissant et piquant.

20. Sorbet Goyave Fruit de la Passion

INGRÉDIENTS:
- 2 tasses de pulpe de goyave (fraîche ou surgelée)
- ½ tasse de pulpe de fruit de la passion (fraîche ou surgelée)
- ½ tasse) de sucre
- Jus d'1 citron vert

INSTRUCTIONS:

a) Dans un mixeur ou un robot culinaire, mélanger la pulpe de goyave, la pulpe de fruit de la passion, le sucre et le jus de citron vert. Mélanger jusqu'à consistance lisse.

b) Versez le mélange dans une sorbetière et barattez selon les instructions du fabricant.

c) Une fois baratté, transférez le sorbet dans un récipient à couvercle et congelez-le pendant quelques heures pour le raffermir.

d) Servez le sorbet goyave passion dans des bols ou des verres réfrigérés pour un dessert tropical sucré et acidulé.

SORBETS AUX FRUITS

21. Sorbet aux fruits à noyau

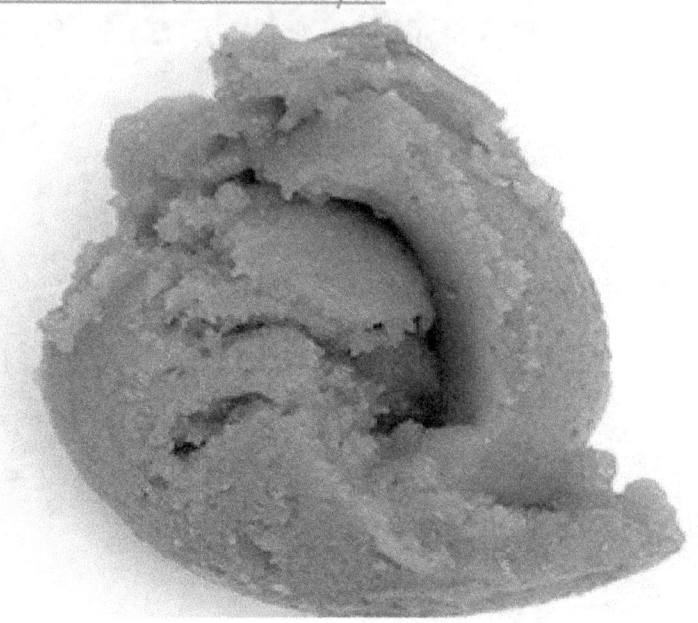

INGRÉDIENTS:

- 2 livres de fruits à noyau, dénoyautés
- ⅔ tasse de sucre
- ⅓ tasse de sirop de maïs léger
- ¼ tasse de vodka aux fruits à noyau

INSTRUCTIONS:

a) Préparation Réduisez les fruits en purée dans un robot culinaire jusqu'à consistance lisse.

b) Cuire Mélangez la purée de fruits, le sucre et le sirop de maïs dans une casserole de 4 litres et portez à ébullition en remuant pour dissoudre le sucre. Retirer du feu, transférer dans un bol moyen et laisser refroidir.

c) Refroidir Passer le mélange au tamis dans un autre bol. Placer au réfrigérateur et réfrigérer au moins 2 heures.

d) Congeler Sortez le fond de sorbet du réfrigérateur et incorporez la vodka. Retirez le bidon congelé du congélateur, assemblez votre machine à glace et allumez-la. Versez le fond de sorbet dans le pot et essorez jusqu'à obtenir la consistance d'une crème chantilly très délicatement.

e) Emballez le sorbet dans un récipient de conservation. Appuyez une feuille de papier sulfurisé directement contre la surface et fermez-la avec un couvercle hermétique. Congeler dans la partie la plus froide de votre congélateur jusqu'à ce qu'il soit ferme, au moins 4 heures.

22. la dame du Lac

INGRÉDIENTS:
- $\frac{1}{4}$ tasse de vodka ou de gin
- 2 cuillères à soupe de crème glacée sucrée
- 4 onces de sorbet aux fruits à noyau
- 1 épée à cocktail

INSTRUCTIONS:
a) Secouez la vodka et la glace dans un shaker jusqu'à ce que la glace soit à peine fondue et incorporée.
b) Disposez la boule de sorbet dans un verre bien frais.
c) Versez la vodka tout autour et servez.

23. Sorbet Avocat

INGRÉDIENTS:
- 1 ½ tasse d'écart
- 4 tasses de lait d'amande, non sucré
- 4 avocats mûrs, pelés, dénoyautés et coupés
- 2 cuillères à café d'extrait de mangue
- 1 cuillère à café de sel marin fin
- 4 cuillères à soupe de jus de citron vert

INSTRUCTIONS:
a) Mélangez tous les ingrédients dans un mixeur jusqu'à ce qu'ils soient entièrement lisses.
b) Remplissez votre sorbetière à moitié avec le mélange et procédez selon les instructions du fabricant.

24. Sorbet à la mangue

INGRÉDIENTS:
- le jus d'1 citron
- le jus d'une ½ orange
- ½ tasse de sucre ultrafin
- 2 grosses mangues mûres
- 1 gros blanc d'oeuf battu

INSTRUCTIONS:

a) Mélangez les jus de fruits avec le sucre. Épluchez et dénoyautez les mangues, puis réduisez la chair en purée au mixeur. Transférer dans un grand bol et incorporer le jus de fruit. Incorporez le blanc d'oeuf battu.

b) Verser dans une sorbetière et mélanger selon les instructions du fabricant, ou verser dans un récipient de congélation et congeler en utilisant la méthode de mélange manuel.

c) Lorsque le sorbet est ferme, congelez-le dans un récipient au congélateur pendant 15 minutes ou jusqu'au moment de servir. Si nécessaire, sortez-le du congélateur 5 à 10 minutes avant de servir pour le ramollir. Servir seul ou avec quelques tranches de mangue et un peu de sauce aux framboises.

d) Ce sorbet se déguste de préférence frais, mais il peut être congelé jusqu'à 1 mois.

25. Sorbet épicé aux bonbons au tamarin

INGRÉDIENTS:
- 2 onces de gousses de tamarin
- 1 tasse d'eau, et plus si nécessaire
- 1 tasse de sucre
- 1 cuillère à café de sel casher
- 2 à 3 cuillères à café de piquín moulu ou d'árbol chili
- 3 onces de bonbons mous au tamarin, déchirés en morceaux
- Chamoy (facultatif), à verser dessus

INSTRUCTIONS:

a) Retirez la coque des gousses de tamarin et jetez-les, ainsi que les morceaux filandreux. Mettez la pulpe de tamarin et l'eau dans une casserole moyenne à feu moyen et portez à ébullition. Baissez le feu et laissez mijoter, en remuant de temps en temps, jusqu'à ce que le tamarin soit tendre, environ 30 minutes. Laisser refroidir.

b) Filtrez le mélange à travers une passoire à mailles fines placée au-dessus d'un bol, en conservant à la fois la pulpe et le liquide. Mesurez le liquide en ajoutant plus d'eau pour obtenir $3\frac{1}{2}$ tasses. Remettez le liquide dans la casserole, ajoutez le sucre et faites cuire en remuant continuellement jusqu'à ce que le sucre se dissolve.

c) Pressez la pulpe de tamarin à travers la passoire (utiliser vos mains sera salissante mais c'est la meilleure façon) et ajoutez-la à la casserole. Incorporer le sel et 1 cuillère à café de piment, en goûtant et en ajoutant jusqu'à ce que le mélange soit suffisamment piquant, en gardant à l'esprit que le piquant diminuera légèrement une fois le sorbet congelé. Couvrir et réfrigérer jusqu'à ce qu'il soit froid pendant au moins 4 heures ou jusqu'au lendemain.

d) Congeler et baratter dans une sorbetière selon les instructions du fabricant. Une fois qu'il est partiellement congelé, ajoutez les bonbons, puis poursuivez le traitement jusqu'à ce qu'ils soient congelés. Transférer dans un récipient, couvrir et laisser durcir au congélateur pendant 2 à 3 heures. Servir garni de chamoy si désiré.

26. Sorbet aux pommes et aux canneberges

INGRÉDIENTS:
- 2 pommes Golden Delicious,
- Pelé,
- Évidé et haché grossièrement
- 2 tasses de jus de canneberge

INSTRUCTIONS:
e) Dans une casserole de taille moyenne, mélanger les pommes et le jus. Chauffer jusqu'à ébullition.
f) Réduire le feu pour laisser mijoter, couvrir et cuire 20 minutes ou jusqu'à ce que les pommes soient très tendres.
g) Découvrir et laisser refroidir à température ambiante.
h) Dans un robot culinaire ou un mélangeur, réduire en purée la pomme et le jus jusqu'à consistance lisse.
i) Verser dans la sorbetière et transformer en sorbet en suivant les instructions du fabricant. (passez à 9.) OU 6. Si vous n'utilisez pas de sorbetière, versez la purée dans un moule carré de 9". Couvrir et congeler jusqu'à ce qu'elle soit partiellement congelée - environ 2 heures.
j) Pendant ce temps, refroidissez un grand bol et les batteurs d'un batteur électrique.
k) Placer la purée dans un bol réfrigéré et battre à basse vitesse jusqu'à ce que les morceaux soient brisés, puis battre à haute vitesse jusqu'à consistance lisse et mousseuse – environ 1 minute.
l) Emballez le sorbet dans un récipient de congélation et congelez-le plusieurs heures avant de servir.

27. Sorbet à la pastèque

INGRÉDIENTS:

- 1 ½ livre de pastèque, pesée sans pépins ni peau
- 1 ¼ tasse de sucre cristallisé
- 2 bâtons de cannelle
- 2 cuillères à soupe de graines de coriandre écrasées
- 3 cuillères à soupe de jus de citron

INSTRUCTIONS:

a) Réduire la chair de pastèque en purée.

b) Dans une casserole à fond épais, dissoudre le sucre dans 2 tasses d'eau. Ajoutez les bâtons de cannelle et les graines de coriandre et faites bouillir pendant 5 minutes. Couvrir et laisser infuser jusqu'à refroidissement.

c) Filtrer le sirop dans la purée de pastèque et incorporer le jus de citron. Versez le mélange dans un récipient. Couvrir et congeler jusqu'à consistance ferme, en battant 3 fois à intervalles de 45 minutes.

d) Environ 30 minutes avant de servir, transférez le sorbet au réfrigérateur.

28. Sorbet palette de cactus à l'ananas et au citron vert

INGRÉDIENTS :

- ¾ livre de palettes de cactus (nopales), nettoyées
- 1½ tasse de gros sel de mer
- ¼ tasse de jus de citron vert fraîchement pressé
- 1½ tasse d'ananas en dés (environ ½ ananas)
- 1 tasse de sucre
- ¾ tasse d'eau
- 2 cuillères à soupe de miel

INSTRUCTIONS :

a) Coupez les palettes de cactus nettoyées en carrés d'environ 1 pouce. Dans un bol, mélangez le cactus avec le sel.

b) Réserver à température ambiante pendant 1 heure ; le sel extraira la bave naturelle du cactus.

c) Transférez le cactus dans une passoire et rincez-le sous l'eau froide courante pour éliminer tout le sel et la bave. Bien égoutter.

d) Dans un mélangeur, réduire en purée le cactus, le jus de citron vert, l'ananas, le sucre, l'eau et le miel jusqu'à consistance lisse.

e) Versez le mélange dans un bol, couvrez et réfrigérez jusqu'à ce qu'il soit froid, au moins 2 heures ou jusqu'à 5 heures.

f) Congeler et baratter dans une sorbetière selon les instructions du fabricant.

g) Pour une consistance moelleuse, servez le sorbet aussitôt ; pour une consistance plus ferme, transférez-le dans un récipient, couvrez-le et laissez-le durcir au congélateur pendant 2 à 3 heures.

29. Sorbet avocat-passion

INGRÉDIENTS:

- 2 tasses de purée de fruit de la passion surgelée fraîche ou décongelée
- $\frac{3}{4}$ tasse plus 2 cuillères à soupe de sucre
- 2 petits avocats mûrs
- $\frac{1}{2}$ cuillère à café de sel casher
- 1 cuillère à soupe de jus de citron vert fraîchement pressé

INSTRUCTIONS:

a) Dans une petite casserole, mélangez la purée de fruit de la passion et le sucre.

b) Cuire à feu moyen-vif en remuant jusqu'à ce que le sucre se dissolve.

c) Retirer du feu et laisser refroidir à température ambiante.

d) Coupez les avocats en deux dans le sens de la longueur. Retirez les noyaux et versez la chair dans un mixeur ou un robot culinaire.

e) Ajoutez le mélange de fruits de la passion refroidi et le sel et mélangez jusqu'à consistance lisse, en raclant les parois du bol ou du bol du mixeur si nécessaire.

f) Ajouter le jus de citron vert et mélanger jusqu'à ce que le tout soit bien mélangé. Versez le mélange dans un bol, couvrez et réfrigérez jusqu'à ce qu'il soit froid, environ 2 heures.

g) Congeler et baratter dans une sorbetière selon les instructions du fabricant.

h) Pour une consistance moelleuse, servez le sorbet aussitôt ; pour une consistance plus ferme, transférez-le dans un récipient, couvrez-le et laissez durcir au congélateur pendant 2 à 3 heures.

30. Sorbet au corossol

INGRÉDIENTS :

- 3 tasses de pulpe de corossol frais (de 1 gros ou 2 petits fruits)
- 1 tasse de sucre
- ⅔ tasse d'eau
- 1 cuillère à soupe de jus de citron vert fraîchement pressé
- Pincée de sel casher

INSTRUCTIONS :

a) À l'aide d'un grand couteau, coupez le corossol en deux dans le sens de la longueur. À l'aide d'une cuillère, versez la chair et les graines dans une tasse à mesurer ; vous avez besoin d'un total de 3 tasses. Jetez la peau.

b) Dans un bol, mélanger le corossol et le sucre et mélanger avec une cuillère en bois en cassant au maximum les fruits. Incorporer l'eau, le jus de citron vert et le sel.

c) Couvrir et réfrigérer jusqu'à ce qu'il soit froid, au moins 2 heures ou jusqu'au lendemain.

d) Congeler et baratter dans une sorbetière selon les instructions du fabricant.

e) Pour une consistance moelleuse, servez le sorbet aussitôt ; pour une consistance plus ferme, transférez-le dans un récipient, couvrez-le et laissez durcir au congélateur pendant 2 à 3 heures.

31. Sorbet Ananas Frais

INGRÉDIENTS:
- 1 petit ananas hawaïen mûr
- 1 tasse de sirop simple
- 2 cuillères à soupe de jus de citron frais

INSTRUCTIONS:
a) Épluchez, épépinez et coupez l'ananas en cubes.
b) Placez les cubes dans un robot culinaire et mélangez jusqu'à ce qu'ils soient très lisses et mousseux.
c) Incorporer le sirop simple et le jus de citron.
d) Goûtez et ajoutez plus de sirop ou de jus si nécessaire.
e) Versez le mélange dans le bol de la sorbetière et congelez.
f) Veuillez suivre le manuel d'instructions du fabricant.

32. Sorbet pêche blanche

INGRÉDIENTS :

- 5 pêches blanches mûres
- 1 feuille de gélatine
- ¼ tasse de glucose
- ½ cuillère à café de sel casher
- ⅛ cuillère à café d'acide citrique

INSTRUCTIONS :

a) Coupez les pêches en deux et dénoyautez-les. Mettez-les dans un mélangeur et réduisez-les en purée jusqu'à consistance lisse et homogène, 1 à 3 minutes.

b) Passer la purée au tamis à mailles fines dans un bol moyen.

c) Utilisez une louche ou une cuillère pour presser sur le fond de la purée afin d'en extraire le plus de jus possible ; vous ne devriez jeter que quelques cuillerées de solides.

d) Faites fleurir la gélatine.

e) Réchauffez un peu de purée de pêches et incorporez la gélatine pour la dissoudre. Incorporer le reste de la purée de pêches, le glucose, le sel et l'acide citrique jusqu'à ce que tout soit complètement dissous et incorporé.

f) Versez le mélange dans votre sorbetière et congelez selon les instructions du fabricant.

g) Il est préférable d'essorer le sorbet juste avant de le servir ou de l'utiliser, mais il se conserve dans un récipient hermétique au congélateur jusqu'à 2 semaines.

33. Sorbet poire

INGRÉDIENTS:
- 1 feuille de gélatine
- 2⅓ tasses de purée de poire
- 2 cuillères à soupe de glucose
- 1 cuillère à soupe de sirop de fleur de sureau
- ⅛ cuillère à café de sel casher
- ⅛ cuillère à café d'acide citrique

INSTRUCTIONS:
a) Faites fleurir la gélatine.

b) Faites chauffer un peu de purée de poire et incorporez la gélatine pour la dissoudre. Incorporer le reste de la purée de poire, le glucose, le sirop de fleur de sureau, le sel et l'acide citrique jusqu'à ce que le tout soit complètement dissous et incorporé.

c) Versez le mélange dans votre sorbetière et congelez selon les instructions du fabricant. Il est préférable d'essorer le sorbet juste avant de le servir ou de l'utiliser, mais il se conserve dans un récipient hermétique au congélateur jusqu'à 2 semaines.

34. Sorbet aux raisins Concord

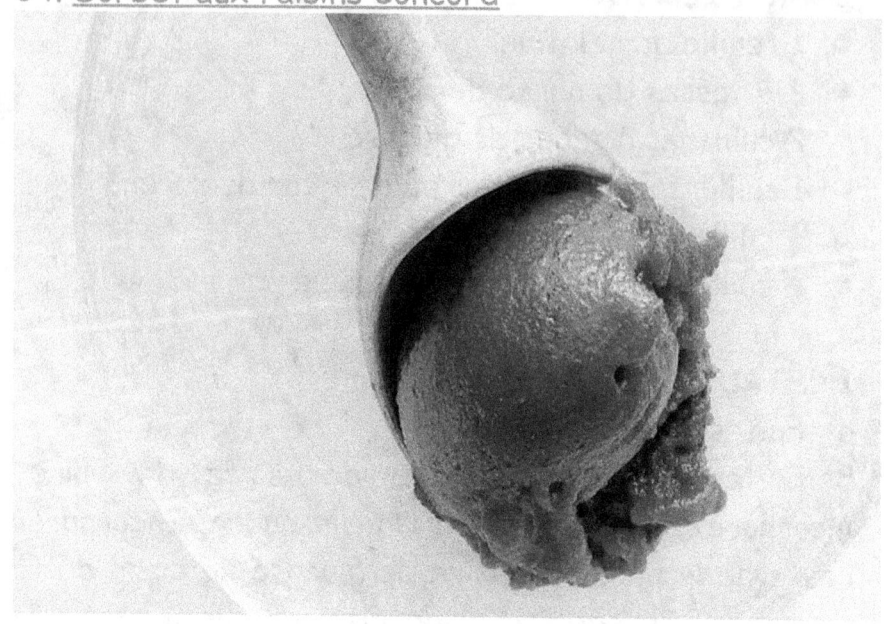

INGRÉDIENTS:
- 1 feuille de gélatine
- ½ portion de jus de raisin Concord
- 200 g de glucose [½ tasse]
- 2 g d'acide citrique [½ cuillère à café]
- 1 g de sel casher [¼ cuillère à café]

INSTRUCTIONS:
a) Faites fleurir la gélatine.

b) Faites chauffer un peu de jus de raisin et incorporez la gélatine pour la dissoudre. Incorporer le jus de raisin restant, le glucose, l'acide citrique et le sel jusqu'à ce que tout soit complètement dissous et incorporé.

c) Versez le mélange dans votre sorbetière et congelez selon les instructions du fabricant. Il est préférable d'essorer le sorbet juste avant de le servir ou de l'utiliser, mais il se conserve dans un récipient hermétique au congélateur jusqu'à 2 semaines.

35. Sorbet à la mangue diabolique

INGRÉDIENTS :

- ⅓ tasse d'eau
- 1 tasse de sucre
- 2 piments piquins
- 5¾ tasses de livres de mangues mûres, pelées, dénoyautées et coupées en dés
- Jus d'1 citron vert
- ¾ cuillère à café de sel casher
- 1 cuillère à café de piquín moulu ou de poivre de Cayenne

INSTRUCTIONS :

a) Dans une petite casserole, mélangez l'eau et le sucre. Porter à ébullition à feu moyen en remuant pour dissoudre le sucre. Retirer du feu, incorporer les piments entiers et laisser refroidir pendant 1 heure.

b) Retirez et jetez les piments du sirop de sucre. Dans un mixeur, mélanger le sirop de sucre et les mangues coupées en dés et réduire en purée lisse. Ajoutez le jus de citron vert, le sel et le piment moulu et mélangez.

c) Goûtez la purée et, si vous le souhaitez, ajoutez du piment moulu supplémentaire, en gardant à l'esprit qu'une fois congelé, le sorbet aura un goût un peu moins épicé.

d) Versez le mélange dans une passoire à mailles fines placée au-dessus d'un bol. Couvrir et réfrigérer jusqu'à ce qu'il soit froid, au moins 4 heures ou jusqu'au lendemain.

e) Congeler et baratter dans une sorbetière selon les instructions du fabricant.

f) Pour une consistance moelleuse, servez le sorbet aussitôt ; pour une consistance plus ferme, transférez-le dans un récipient, couvrez-le et laissez-le durcir au congélateur pendant 2 à 3 heures.

36. Sorbet Abricot

INGRÉDIENTS:
- $\frac{3}{4}$ de livre d'abricots très mûrs, pelés et dénoyautés
- Jus d'1 gros citron
- $\frac{1}{2}$ tasse de sucre cristallisé

INSTRUCTIONS:

a) Réduisez en purée les abricots dans un bol. Ajoutez le jus de citron et incorporez le sucre avec un fouet métallique.

b) Verser dans un récipient, couvrir et congeler jusqu'à consistance ferme, en battant 3 fois à intervalles de 45 minutes.

c) Environ 30 minutes avant de servir, transférez le sorbet au réfrigérateur.

37. Sorbet cerise Bing

INGRÉDIENTS:

- 2 boîtes de cerises Bing noires et sucrées dénoyautées
- 4 cuillères à soupe de jus de citron frais
- Congelez une boîte de cerises non ouverte jusqu'à ce qu'elle soit solide, environ 18 heures.

INSTRUCTIONS:

a) Plongez la canette dans l'eau chaude pendant 1 à 2 minutes.
b) Ouvrez et versez le sirop dans le bol d'un robot culinaire.
c) Placez les fruits sur une surface coupante et coupez-les en morceaux.
d) Ajouter au bol et réduire en purée jusqu'à consistance lisse.
e) Ajouter le jus de citron et mélanger jusqu'à ce que le tout soit bien mélangé.
f) Couvrir et congeler jusqu'au moment de servir, jusqu'à 8 heures.

38. Sorbet Cantaloup

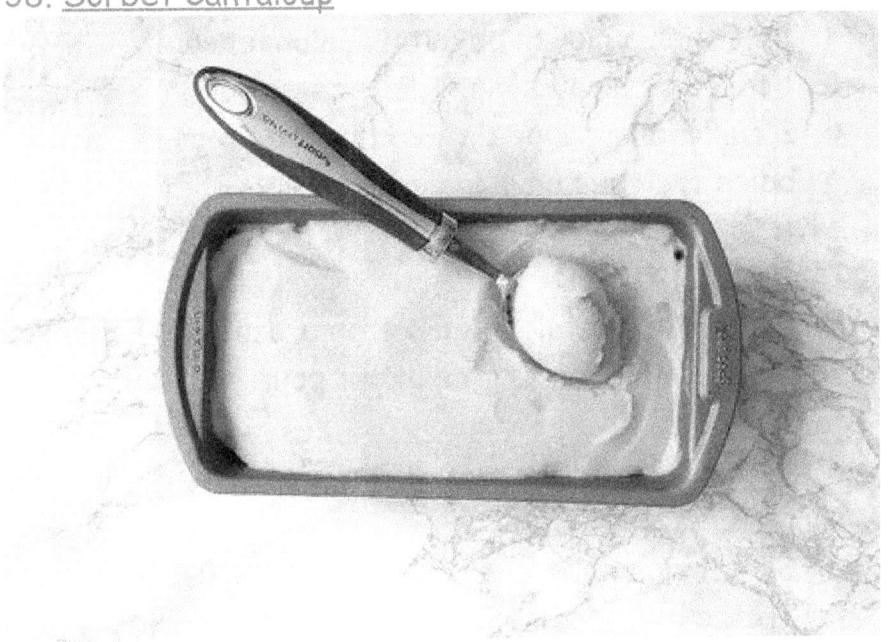

INGRÉDIENTS:
- 1 cantaloup moyen ou autre melon, épépiné
- 1 tasse de sirop simple (la recette suit)
- 2 cuillères à soupe de jus de citron frais
- baies fraîches pour la garniture

INSTRUCTIONS:

a) Coupez le cantaloup mûr en morceaux et réduisez-le en purée dans un robot culinaire pour mesurer environ 3 tasses.

b) Incorporer le sirop et le jus de citron. Goûtez avec soin.

c) Si le melon n'est pas complètement mûr, vous voudrez peut-être ajouter un peu plus de sirop.

d) Couvrir et congeler la purée de fruits dans des bacs à glaçons [il nous en fallait 2,5 bacs].

e) Une fois congelés, placez plusieurs cubes à la fois dans un robot culinaire et réduisez en purée lisse.

f) Traitez autant de cubes que vous le souhaitez et dégustez !

39. Sorbet aux cerises

INGRÉDIENTS :

- Trois boîtes de 16 onces de cerises Bing dénoyautées dans un sirop épais
- 2 tasses de sirop simple
- $\frac{1}{4}$ tasse de jus de citron frais
- $\frac{1}{4}$ tasse d'eau

INSTRUCTIONS :

a) Égouttez les cerises en réservant 2 cuillères à soupe de sirop. Passez les cerises au moulin.

b) Incorporer le sirop de cerise, le sirop simple, le jus de citron et l'eau.

c) Versez le mélange dans le bol de la sorbetière et congelez. Veuillez suivre le manuel d'instructions du fabricant.

40. Sorbet au jus de canneberge

INGRÉDIENTS:

- 3 tasses plus 6 cuillères à soupe de jus de canneberge en conserve ou en bouteille
- ½ tasse plus 1 cuillère à soupe de sirop simple

INSTRUCTIONS:

a) Mélangez le jus de canneberge et le sirop simple.

b) Versez le mélange dans le bol de la sorbetière et congelez. Veuillez suivre le manuel d'instructions du fabricant.

41. Sorbet au miel

INGRÉDIENTS:
- 1 gros melon miel mûr
- ½ tasse de sirop de sucre
- 6 cuillères à soupe de jus de citron vert frais
- 6 fines tranches de citron vert pour la garniture
- 6 brins de menthe fraîche pour la décoration

SIROP:
- ½ tasse d'eau
- 1 tasse de sucre

INSTRUCTIONS:

a) Pour le sirop, mélangez l'eau et le sucre dans une casserole. Remuer à feu moyen jusqu'à ce que le sucre se dissolve.

b) Augmentez le feu et portez à ébullition. Faire bouillir sans remuer pendant 5 minutes.

c) Refroidir le sirop, puis couvrir et réfrigérer jusqu'à ce que vous en ayez besoin.

d) Peler, épépiner et hacher le melon. Réduire en purée au robot culinaire (environ 4 tasses.) Dans un bol, mélanger la purée, le sirop de sucre et le jus de citron vert.

e) Congeler dans la sorbetière selon les instructions. Congelez ensuite au congélateur pendant 2 à 3 heures pour le raffermir.

f) Garnir d'une tranche de citron vert et de menthe.

42. Le Sorbet Banane de Marcel Desaulnier

Donne 1 ¾ quarts

INGRÉDIENTS :

- 2 tasses d'eau
- 1 ½ tasse de sucre granulé
- 3 livres de bananes, non pelées
- 2 cuillères à soupe de jus de citron frais

INSTRUCTIONS :

a) Faites chauffer l'eau et le sucre dans une grande casserole à feu moyen-vif.

b) Fouettez pour dissoudre le sucre. Porter le mélange à ébullition et laisser bouillir jusqu'à ce qu'il épaississe légèrement et réduise à 2 ¼ tasses, environ 15 minutes.

c) Pendant que le sucre et l'eau sont réduits en sirop, épluchez les bananes.

d) Écrasez-les jusqu'à obtenir une consistance rugueuse dans un bol en acier inoxydable, à l'aide d'une écumoire (le rendement devrait être d'environ 3 tasses). Versez le sirop bouillant sur la purée de bananes.

e) Refroidir dans un bain d'eau glacée à une température de 40 à 45°F, pendant environ 15 minutes.

f) Une fois froid, ajoutez le jus de citron. Congeler dans un congélateur à crème glacée en suivant les instructions du fabricant.

g) Transférez le sorbet semi-congelé dans un récipient en plastique, couvrez bien le récipient, puis placez-le au congélateur plusieurs heures avant de servir.

h) Servir dans les 3 jours.

43. Sorbet pêche, abricot ou poire

INGRÉDIENTS:

- 2 boîtes (15 onces) de moitiés de pêches, d'abricots ou
- moitiés de poire au sirop épais
- 1 cuillère à soupe de schnaps aux poires ou d'amaretto (facultatif)

INSTRUCTIONS:

a) Congelez les boîtes de fruits non ouvertes pendant 24 heures.
b) Sortez les canettes du congélateur; plongez-les dans l'eau chaude pendant 1 minute.
c) Boîtes ouvertes ; versez délicatement tout sirop fondu dans un mélangeur ou un robot culinaire ; retirer les fruits de la boîte ; couper en morceaux.
d) Ajouter au mélangeur. Mélanger jusqu'à consistance lisse.
e) Ajouter la liqueur; traiter jusqu'à ce que le tout soit combiné. Transférer dans un récipient. Couverture; congeler jusqu'au moment de servir.

44. Sorbet de Poiré

INGRÉDIENTS:

- Poires en conserve ou fraîches
- Jus de citron
- 1 ¾ tasse de sucre cristallisé
- 1 tasse d'eau
- 2 blancs d'œufs

INSTRUCTIONS:

a) Mixez suffisamment de poires en conserve ou fraîches, pochées avec le jus d'1 citron pendant 10 minutes, pour obtenir 2 tasses de purée.

b) Mélangez le sucre et l'eau et faites bouillir pendant 5 minutes. Mélanger avec la purée et laisser refroidir complètement.

c) Battre les blancs d'œufs en neige ferme et les incorporer au mélange de poires avec le jus d'un citron (si vous avez besoin de plus de citron).

d) Congeler dans un bac de congélation mécanique, en remuant si nécessaire.

45. Sorbet aux pommes sans sucre

INGRÉDIENTS:
- 3 tasses de jus de pomme non sucré
- Une boîte de 6 onces de jus de pomme concentré non sucré.
- 3 cuillères à soupe de jus de citron frais

INSTRUCTIONS:
a) Mettez le concentré de jus de pomme et le jus de citron dans le bol de la machine et congelez.

SORBETS AUX AGRUMES

46. Sorbet Pamplemousse

INGRÉDIENTS :

- 4 pamplemousses
- 3 cuillères à soupe de jus de citron frais
- ½ tasse de sirop de maïs léger
- ⅔ tasse de sucre
- Aromates facultatifs : Quelques brins d'estragon, de basilic ou de lavande ; ou ½ demi-gousse de vanille fendue ; graines enlevées
- ¼ tasse de vodka

INSTRUCTIONS :

a) Préparation A l'aide d'un économe, prélevez 3 lanières de zeste d'1 pamplemousse. Coupez tous les pamplemousses en deux et pressez-en 3 tasses de jus.

b) Cuire Mélangez le jus de pamplemousse, le zeste, le jus de citron, le sirop de maïs et le sucre dans une casserole de 4 litres et portez à ébullition en remuant pour dissoudre le sucre. Transférer dans un bol moyen, ajouter les aromates, le cas échéant, et laisser refroidir.

c) Refroidir Retirez le zeste du pamplemousse. Placer le fond de sorbet au réfrigérateur et réfrigérer au moins 2 heures.

d) Congeler Sortez la base de sorbet du réfrigérateur et filtrez les arômes. Ajoutez la vodka. Retirez le bidon congelé du congélateur, assemblez votre machine à glace et allumez-la. Versez le fond de sorbet dans le pot et essorez jusqu'à obtenir la consistance d'une crème chantilly très délicatement.

e) Emballez le sorbet dans un récipient de conservation. Appuyez une feuille de papier sulfurisé directement contre la surface et fermez-la avec un couvercle hermétique. Congeler dans la partie la plus froide de votre congélateur jusqu'à ce qu'il soit ferme, au moins 4 heures.

47. Sorbet Yuzu Agrumes

INGRÉDIENTS:
- 1 citron
- 1 agrume yuzu
- 6 cuillères à soupe de sucre
- Peler ¼ d'agrume yuzu
- 250 ml d'eau

INSTRUCTIONS:
a) Coupez le citron et le yuzu en deux et pressez les deux.
b) Dans une casserole, mélanger le jus de citron, le jus d'agrumes yuzu et le sucre et faire chauffer.
c) Ajoutez 150 ml d'eau et remuez pour dissoudre le sucre.
d) Transférez le mélange du pot dans un récipient, puis ajoutez 100 ml d'eau pour le refroidir.
e) Une fois refroidi, placez-le au congélateur pendant environ 3 heures pour qu'il prenne.
f) Une fois que le mélange a congelé et pris, transférez-le dans un robot culinaire et mélangez.
g) Transférez le mélange dans un récipient et placez-le à nouveau au congélateur pendant environ 1 heure, puis retirez-le, remuez brièvement et transférez-le dans des plats de service.
h) Garnir de zeste d'agrumes de yuzu râpé et servir.

48. Sorbet au citron vert d'Oaxaca

INGRÉDIENTS :

- 12 citrons verts, lavés et séchés
- 1 tasse de sucre
- $3\frac{3}{4}$ tasses d'eau
- 1 cuillère à soupe de sirop de maïs léger
- Pincée de sel casher

INSTRUCTIONS :

a) Râpez le zeste des citrons verts en enlevant le plus de peau verte possible et en évitant la peau blanche.

b) Dans un mélangeur ou un robot culinaire, mélangez le zeste et le sucre et pulsez 4 ou 5 fois pour extraire les huiles naturelles.

c) Transférez le mélange de sucre dans un bol, ajoutez l'eau, le sirop de maïs et le sel, et fouettez jusqu'à ce que le sucre se dissolve.

d) Couvrir et réfrigérer jusqu'à ce qu'il soit froid, au moins 2 heures mais pas plus de 4 heures.

e) Congeler et baratter dans une sorbetière selon les instructions du fabricant.

f) Pour une consistance moelleuse, servez le sorbet aussitôt ; pour une consistance plus ferme, transférez-le dans un récipient, couvrez-le et laissez-le durcir au congélateur pendant 2 à 3 heures.

49. Sorbet rafraîchissant au citron vert

INGRÉDIENTS:

- 6 citrons verts juteux vert foncé non cirés
- 1 à 1 ¼ tasse de sucre ultrafin
- 1 tasse d'eau
- feuilles de citron vert ou de menthe, pour garnir

INSTRUCTIONS:

a) Râpez finement le zeste de 2 citrons verts dans un bol, puis ajoutez le jus de tous les citrons verts.

b) Ajoutez le sucre et l'eau dans le bol et laissez reposer 1 à 2 heures dans un endroit frais, en remuant de temps en temps, jusqu'à ce que le sucre soit dissous.

c) Versez le mélange dans une sorbetière et mélangez selon les instructions du fabricant, ou mélangez à la main.

d) Lorsqu'il est ferme, congelez-le dans un récipient au congélateur pendant 15 minutes ou jusqu'à plusieurs heures avant de servir. Si vous le congelez plus longtemps, sortez-le du congélateur 10 minutes avant de servir pour le ramollir. Ce sorbet peut être congelé jusqu'à 3 semaines, mais il est préférable de le consommer le plus tôt possible.

e) Cette recette remplira 10 coquilles de citron vert. Pour servir de cette façon, retirez soigneusement le tiers supérieur des citrons verts et pressez leur jus dans un bol avec un alésoir ou un presse-agrumes manuel, en prenant soin de ne pas fendre les coquilles.

f) Retirez et jetez toute pulpe restante. Verser le sorbet dans les coquilles et congeler jusqu'au moment de servir.

g) Ajoutez une feuille de citron vert ou de menthe pour garnir chaque coquille de citron vert farcie.

50. Sorbet au citron

INGRÉDIENTS:
- 2 gros citrons juteux non cirés, lavés
- ½ tasse de sucre ultrafin
- 1 ½ tasse d'eau bouillante

INSTRUCTIONS:
a) Râpez finement le zeste des citrons dans un bol. Pressez le jus de citron (au moins ¾ tasse) dans le bol et ajoutez le sucre et l'eau. Bien mélanger et laisser reposer 1 à 2 heures dans un endroit frais en remuant de temps en temps jusqu'à ce que le sucre soit dissous. Froideur.

b) Versez le mélange dans une sorbetière et mélangez selon les instructions du fabricant, ou versez-le dans un récipient de congélation et congelez-le en suivant la méthode de mélange manuel.

c) Lorsque le sorbet est ferme, congelez-le dans un récipient au congélateur pendant 15 à 20 minutes ou jusqu'au moment de servir. Si nécessaire, transférez-le au réfrigérateur 10 minutes avant de servir pour le ramollir.

d) Ce sorbet ne sera pas bon s'il est congelé plus de 2 à 3 semaines.

51. Sorbet pamplemousse et gin

INGRÉDIENTS:
- 5½ onces de sucre cristallisé
- 18 onces de jus de pamplemousse
- 4 cuillères à soupe de gin

INSTRUCTIONS:
a) Mettez le sucre dans une casserole et ajoutez 300 ml/½ pinte d'eau. Chauffer doucement en remuant jusqu'à ce que le sucre soit dissous. Augmentez le feu et faites bouillir rapidement pendant environ 5 minutes jusqu'à ce que le mélange soit sirupeux. Retirer du feu et laisser refroidir.

b) Incorporer le jus de pamplemousse au sirop.

c) Couvrir et réfrigérer environ 30 minutes ou jusqu'à ce que le tout soit bien refroidi. Incorporer le gin.

d) Versez le mélange dans la sorbetière et congelez selon les instructions.

e) Transférer dans un récipient approprié et congeler jusqu'à ce que vous en ayez besoin.

52. Sorbet melon et citron vert

INGRÉDIENTS:
- 1 gros melon
- 150 g/5½ onces de sucre en poudre
- 2 petits citrons verts

INSTRUCTIONS:
a) Coupez le melon en deux, retirez les graines et jetez-les. Retirez la chair et pesez – vous aurez besoin d'environ 1 livre

b) Versez la chair du melon dans un robot culinaire ou un mélangeur; ajouter le sucre et réduire en purée lisse.

c) Coupez les citrons verts en deux et pressez leur jus. Ajouter le jus de citron vert au mélange de melon et réduire en purée brièvement.

d) Transférer dans un pichet, couvrir et réfrigérer pendant environ 30 minutes ou jusqu'à ce qu'il soit bien refroidi.

e) Versez le mélange dans la sorbetière et congelez selon les instructions.

f) Transférer dans un récipient approprié ou dans quatre moules et congeler jusqu'à ce que vous en ayez besoin.

53. Sorbet citron et chutney

INGRÉDIENTS:

- Un pot de chutney de 17 onces
- 1 tasse d'eau chaude
- 1 cuillère à soupe de jus de citron frais

INSTRUCTIONS:

a) Placez le chutney dans un robot culinaire et mélangez l'appareil en douceur. Avec la machine en marche, versez l'eau chaude, puis le jus de citron.
b) Versez le mélange dans le bol de la sorbetière et congelez.
c) Veuillez suivre le manuel d'instructions du fabricant. 15 à 20 minutes.

54. Limonade Rose & Sorbet Oreo

INGRÉDIENTS:

- 2 boîtes de fraises au sirop
- 2 cuillères à café de limonade rose
- 1 cuillère à café d'essence de vanille
- 3 tasses de fraises fraîches coupées en quartiers
- 2 cuillères à café de sucre
- 2 cuillères à soupe de vinaigre balsamique
- 4 Oreos, émiettés

INSTRUCTIONS:

a) Placez les fraises en conserve, la limonade rose et l'essence de vanille dans un mélangeur et mélangez jusqu'à consistance lisse, environ 1 minute.
b) Transférez le mélange dans une sorbetière.
c) Traiter selon les instructions du fabricant.
d) Placez les fraises fraîches dans un bol moyen.
e) Saupoudrez de sucre et mélangez-les soigneusement.
f) Ajoutez le vinaigre balsamique et remuez délicatement. Laisser reposer 15 minutes en remuant de temps en temps.
g) Versez le sorbet fraise dans des bols. Répartissez le mélange de fraises fraîches sur le sorbet.
h) Saupoudrer les Oreos sur les fraises et servir.

55. Sorbet pamplemousse rubis

INGRÉDIENTS:

- 2 pamplemousses mûrs rouge rubis ou roses
- 1 tasse de sirop de sucre
- 4 cuillères à soupe de jus de framboise ou de canneberge

INSTRUCTIONS:

a) Coupez les pamplemousses en deux. Pressez tout le jus (en prenant soin des coquilles si vous souhaitez y servir le sorbet) et mélangez avec le sirop et le jus.

b) Retirez délicatement et jetez toute pulpe restante dans les coquilles.

c) Versez le mélange dans une sorbetière et traitez-le selon les instructions du fabricant, ou versez-le dans un récipient de congélation et congelez-le en utilisant la méthode de mélange manuel.

d) Lorsque le sorbet est ferme, versez-le dans les coques de pamplemousse (le cas échéant) ou dans un récipient de congélation et congelez-le pendant 15 minutes ou jusqu'au moment de servir. Si nécessaire, sortez-le du congélateur 5 minutes avant de servir pour le ramollir. Coupez les moitiés de pamplemousse en quartiers pour servir.

e) Ce sorbet se déguste le plus tôt possible, mais il peut être congelé jusqu'à 3 semaines.

56. Sorbet Mandarine

INGRÉDIENTS :

- Cinq boîtes de 11 onces de mandarines emballées dans un sirop léger
- 1 tasse de sucre ultrafin
- 3 cuillères à soupe de jus de citron frais

INSTRUCTIONS :

a) Égouttez les oranges et réservez 2 tasses de sirop. Réduire en purée les oranges au robot culinaire. Incorporer le sirop réservé, le jus de citron et le sucre.

b) Versez le mélange dans le bol de la sorbetière et congelez. Veuillez suivre le manuel d'instructions du fabricant.

57. Sorbet crémeux au babeurre et au citron

INGRÉDIENTS:
- 2 tasses de babeurre faible en gras
- 1 tasse de sucre
- Zest de 1 citron
- ¼ tasse de jus de citron frais

INSTRUCTIONS:
a) Dans un grand bol, mélanger tous les ingrédients jusqu'à ce que le sucre soit complètement dissous.
b) Couvrir et réfrigérer le mélange pendant environ 4 heures, jusqu'à ce qu'il soit très froid.
c) Transférez le mélange dans une sorbetière et congelez selon les instructions du fabricant.
d) Transférez le sorbet dans un récipient allant au congélateur et congelez-le pendant au moins 4 heures avant de servir.

58. Sorbet au poivre et aux agrumes

INGRÉDIENTS :

- 3 piments forts Yellow Wax, tiges et graines enlevées, hachées
- 1 ¾ tasse d'eau
- 1 ¼ tasse de sucre
- 3 oranges pelées avec les segments retirés de la membrane
- 2 cuillères à soupe de rhum brun
- 4 cuillères à soupe de jus de citron ou de lime frais
- 3 cuillères à soupe de sirop de maïs léger

INSTRUCTIONS :

a) Dans une casserole, mélanger 1 ¼ tasse d'eau avec le sucre. Chauffer jusqu'à ce que le sucre se dissolve. Porter à ébullition, retirer du feu et laisser refroidir à température ambiante. Réfrigérer 2 heures.

b) Réduisez en purée le reste des ingrédients avec ½ tasse d'eau. Réfrigérer 2 heures.

c) Incorporer le mélange de sucre aux fruits et congeler selon les instructions.

59. Sorbet à la noix de coco et au citron vert

INGRÉDIENTS:
- 1 boîte (15 onces) de crème de noix de coco
- ¾ tasse d'eau
- ½ tasse de jus de citron vert frais
- Facultatif : ½ tasse de cerises au marasquin hachées
- Garniture : Ananas frais, cerises, tranches de mangue, banane

INSTRUCTIONS:
a) Dans un bol, fouetter les ingrédients ensemble.
b) Si vous ajoutez des cerises, faites-le maintenant.
c) Congelez le mélange dans une sorbetière, selon les instructions du fabricant.
d) Transférez le sorbet dans un récipient hermétique et mettez-le au congélateur pour qu'il durcisse.
e) Transférer dans des bols de service et garnir de fruits frais.

60. Sorbet Citron Vert

Donne 4 à 6 portions

INGRÉDIENTS :
- 3 tasses d'eau
- 1 ¼ tasse de sucre cristallisé
- ¾ tasse de sirop de maïs léger
- 2/3 tasse de jus de citron vert frais (4 gros ou 6 citrons verts moyens)
- Quartiers de citron vert pour garnir (facultatif)

INSTRUCTIONS :
a) Mélangez l'eau avec le sucre et le sirop de maïs dans une casserole à fond épais. Remuer à feu vif pour dissoudre le sucre.
b) Porter à ébullition. Réduire le feu à température modérée et laisser bouillir 5 minutes sans remuer.
c) Retirer du feu et laisser refroidir à température ambiante.
d) Incorporer le jus de citron vert. Verser dans un bol à mélanger en métal et mettre au congélateur jusqu'à ce qu'il soit ferme. Placer les batteurs au congélateur pour refroidir.
e) Sortez le mélange de citron vert du congélateur. Cassez-le avec une cuillère en bois. Battre à basse vitesse jusqu'à ce qu'il n'y ait plus de grumeaux.
f) Remettre au congélateur jusqu'à ce qu'il soit à nouveau ferme. Re-battre avec des batteurs réfrigérés
g) Le sorbet se conserve au congélateur sous une consistance lisse pendant des semaines. Le jus de citron peut remplacer le jus de citron vert et du colorant alimentaire vert peut être ajouté.

h) L'aspect clair et épuré du sorbet citron vert sans coloration avec une garniture de quartiers de citron vert est magnifique.

61. Sorbet Miel Citron

INGRÉDIENTS:
- ½ tasse d'eau chaude
- 2/3 tasse de miel
- 1 cuillère à soupe de zeste de citron râpé
- 1 tasse de jus de citron frais
- 2 tasses d'eau froide

INSTRUCTIONS:
a) Mettez l'eau chaude, le miel et le zeste dans le bol. Remuer jusqu'à ce que le miel se dissolve. Incorporer le jus de citron et l'eau froide.

b) Versez le mélange dans le bol de la sorbetière et congelez. Veuillez suivre le manuel d'instructions du fabricant

SORBETS AUX HERBES ET AUX FLEURS

62. Moringa & Myrtille

INGRÉDIENTS:
- 1 cuillère à café de poudre de Moringa
- 1 tasse de bleuets surgelés
- 1 banane congelée
- $\frac{1}{4}$ tasse de lait de coco

INSTRUCTIONS:

a) Ajouter tous les ingrédients dans un mélangeur ou un robot culinaire et mélanger jusqu'à consistance lisse.

b) Ajoutez plus de liquide si nécessaire.

63. Sorbet Pommes Menthe

Environ 4 à 6 portions

INGRÉDIENTS :
- 100 g/3½ onces de sucre cristallisé doré
- 5 gros brins de menthe
- 425 ml de jus de pomme

INSTRUCTIONS :
a) Mettez le sucre dans une casserole et ajoutez les brins de menthe et 300 ml d'eau. Chauffer doucement en remuant jusqu'à ce que le sucre soit dissous.
b) Augmentez le feu et faites bouillir rapidement pendant environ 5 minutes jusqu'à ce que le mélange soit sirupeux.
c) Retirer du feu et incorporer le jus de pomme.
d) Couvrir et réfrigérer pendant au moins 30 minutes ou jusqu'à ce que le tout soit bien refroidi.
e) Filtrez le mélange pour retirer la menthe.
f) Versez dans la sorbetière et congelez selon les instructions.
g) Transférer dans un récipient approprié et congeler jusqu'à ce que vous en ayez besoin.

64. Sorbet à commentaire constant

INGRÉDIENTS:
- 1 tasse de feuilles de thé Constant Comment
- 2 tasses d'eau froide
- Quatre bandes de 1 x 3 pouces de zeste d'orange
- 2 tasses de sirop simple
- 2 tasses de jus d'orange

INSTRUCTIONS:
a) Mettez les feuilles de thé, l'eau et le zeste d'orange dans un bol. Mélangez jusqu'à ce que les feuilles de thé soient suffisamment trempées pour rester sous l'eau.
b) Mettre au réfrigérateur toute la nuit.
c) Versez le mélange dans une passoire en appuyant sur les feuilles de thé pour récupérer tout le liquide. Vous aurez environ ⅓ tasse de thé fort. Jetez les feuilles de thé et le zeste d'orange.
d) Mélangez le thé avec du sirop simple et du jus d'orange. Placer dans le bol de la machine et congeler 12 à 15 minutes.

65. Sorbet avocat-lime infusé à la coriandre

INGRÉDIENTS :
- 2 avocats (noyau et peau enlevés)
- $\frac{1}{4}$ tasse Érythritol, en poudre
- 2 citrons verts moyens, pressés et zestés
- 1 tasse de lait de coco
- $\frac{1}{4}$ cuillères à café de Stevia liquide
- $\frac{1}{4}$ - $\frac{1}{2}$ tasse de coriandre, hachée

INSTRUCTIONS :

a) Portez le lait de coco à ébullition dans une casserole. Ajoutez le zeste de citron vert.

b) Laissez le mélange refroidir puis congelez-le.

c) Dans un robot culinaire, mélanger l'avocat, la coriandre et le jus de citron vert. Pulser jusqu'à ce que le mélange ait une texture épaisse.

d) Versez le mélange de lait de coco et de stevia liquide sur les avocats. Mélangez le mélange jusqu'à ce qu'il atteigne la consistance appropriée. Cela prend environ 2 à 3 minutes pour effectuer cette tâche.

e) Remettre au congélateur pour décongeler ou servir immédiatement !

66. Sorbet au thé vert

INGRÉDIENTS:
- ¾ tasse de sucre
- 3 tasses de thé vert infusé chaud

INSTRUCTIONS:

a) Dissoudre le sucre dans le thé et réfrigérer jusqu'à ce qu'il soit bien refroidi.

b) Congeler dans un congélateur à crème glacée selon les instructions du fabricant.

67. Sorbet au thé Earl Grey

INGRÉDIENTS:

- 1 petit citron non ciré
- 6 onces de sucre en poudre doré
- 2 sachets de thé

INSTRUCTIONS:

a) Parez finement le zeste du citron.

b) Mettez le sucre dans une casserole avec 600 ml (1 pinte) d'eau et faites chauffer doucement jusqu'à ce que le sucre soit dissous.

c) Ajoutez le zeste de citron au mélange de sucre et faites bouillir pendant 5 à 10 minutes jusqu'à ce qu'il soit légèrement sirupeux.

d) Versez 150 ml ($\frac{1}{4}$ pinte) d'eau bouillante sur les sachets de thé et laissez infuser 5 minutes.

e) Retirez les sachets de thé (en essorant la liqueur) et jetez-les.

f) Ajoutez la liqueur de thé à la solution sucrée et laissez refroidir.

g) Couvrir et réfrigérer pendant 30 minutes ou jusqu'à ce que le tout soit bien refroidi.

h) Passer dans la sorbetière et congeler selon les instructions.

i) Transférer dans un récipient, couvrir et conserver au congélateur. Il faudra probablement le remuer après environ les 45 premières minutes de congélation.

68. Sorbet au thé au jasmin

INGRÉDIENTS :
- 1 ¼ tasse de thé au jasmin, réfrigéré
- ¼ tasse de sirop de sucre, réfrigéré
- 1 à 2 cuillères à café de jus de citron
- 1 blanc d'oeuf moyen

INSTRUCTIONS :

a) Mélangez le thé, le sirop de sucre et le jus de citron. Verser dans une sorbetière et mélanger selon les instructions du fabricant, ou verser dans un récipient de congélation et congeler en utilisant la méthode de mélange manuel . Remuer jusqu'à obtenir une consistance fondante.

b) Battre le blanc d'œuf jusqu'à formation de pics mous, puis l'incorporer au sorbet. Continuez à baratter et à congeler jusqu'à ce qu'il soit ferme. Congeler pendant 15 minutes avant de servir ou jusqu'à ce que vous en ayez besoin.

c) Ce sorbet a une saveur très délicate et se déguste de préférence dans les 24 heures. Servir avec des biscuits croustillants aux amandes ou des tuiles.

69. Sorbet ananas-herbes

INGRÉDIENTS :

- 1 petit ananas épépiné, pelé et coupé en morceaux
- 1 tasse de sucre
- 1 tasse d'eau
- Jus d'1 citron vert
- ½ cuillère à café de sel casher
- 2 cuillères à soupe d'herbes hachées, comme de la menthe, du basilic ou du romarin

INSTRUCTIONS :

a) Dans un mélangeur ou un robot culinaire, réduire en purée les morceaux d'ananas, le sucre, l'eau, le jus de citron vert et le sel jusqu'à consistance lisse.

b) Ajoutez l'herbe et mélangez jusqu'à ce qu'elle se décompose en points verts.

c) Versez le mélange dans un bol, couvrez et réfrigérez la base jusqu'à ce qu'elle soit froide, au moins 3 heures ou jusqu'au lendemain.

d) Fouettez doucement la base pour la recombiner. Congeler et baratter dans une sorbetière selon les instructions du fabricant.

e) Pour une consistance moelleuse, servez le sorbet aussitôt ; pour une consistance plus ferme, transférez-le dans un récipient, couvrez-le et laissez-le durcir au congélateur pendant 2 à 3 heures.

70. Sorbet Lavande

INGRÉDIENTS :

- 2 tasses d'eau
- 1 tasse de sucre
- 2 cuillères à soupe de fleurs de lavande séchées
- 1 cuillère à soupe de jus de citron

INSTRUCTIONS :

a) Dans une casserole, mélangez l'eau et le sucre. Chauffer à feu moyen jusqu'à ce que le sucre se dissolve complètement.

b) Retirer du feu et ajouter les fleurs de lavande séchées. Laissez infuser 10 à 15 minutes.

c) Filtrez le mélange pour retirer les fleurs de lavande.

d) Incorporer le jus de citron.

e) Versez le mélange dans une sorbetière et barattez selon les instructions du fabricant.

f) Une fois baratté, transférez le sorbet dans un récipient à couvercle et congelez-le pendant quelques heures pour le raffermir.

g) Servez le sorbet lavande dans des bols ou des verres réfrigérés pour un dessert parfumé et apaisant.

71. Sorbet à la Rose

INGRÉDIENTS:

- 2 tasses d'eau
- 1 tasse de sucre
- ¼ tasse de pétales de roses séchées
- 2 cuillères à soupe de jus de citron
- 1 cuillère à soupe d'eau de rose (facultatif)

INSTRUCTIONS:

a) Dans une casserole, mélangez l'eau et le sucre. Chauffer à feu moyen jusqu'à ce que le sucre se dissolve complètement.

b) Retirer du feu et ajouter les pétales de roses séchées. Laissez infuser 10 à 15 minutes.

c) Filtrez le mélange pour retirer les pétales de rose.

d) Incorporer le jus de citron et l'eau de rose (le cas échéant).

e) Versez le mélange dans une sorbetière et barattez selon les instructions du fabricant.

f) Une fois baratté, transférez le sorbet dans un récipient à couvercle et congelez-le pendant quelques heures pour le raffermir.

g) Servez le sorbet à la rose dans des bols ou des verres réfrigérés pour un dessert délicat et floral.

72. Sorbet à l'Hibiscus

INGRÉDIENTS:
- 2 tasses d'eau
- 1 tasse de sucre
- $\frac{1}{4}$ tasse de fleurs d'hibiscus séchées
- 2 cuillères à soupe de jus de citron

INSTRUCTIONS:
a) Dans une casserole, mélangez l'eau et le sucre. Chauffer à feu moyen jusqu'à ce que le sucre se dissolve complètement.
b) Retirer du feu et ajouter les fleurs d'hibiscus séchées. Laissez infuser 10 à 15 minutes.
c) Filtrez le mélange pour retirer les fleurs d'hibiscus.
d) Incorporer le jus de citron.
e) Versez le mélange dans une sorbetière et barattez selon les instructions du fabricant.
f) Une fois baratté, transférez le sorbet dans un récipient à couvercle et congelez-le pendant quelques heures pour le raffermir.
g) Servez le sorbet à l'hibiscus dans des bols ou des verres réfrigérés pour un dessert vibrant et acidulé.

73. Sorbet Aux Fleurs De Sureau

INGRÉDIENTS:
- 2 tasses d'eau
- 1 tasse de sucre
- $\frac{1}{4}$ tasse de sirop de fleur de sureau
- 2 cuillères à soupe de jus de citron

INSTRUCTIONS:
a) Dans une casserole, mélangez l'eau et le sucre. Chauffer à feu moyen jusqu'à ce que le sucre se dissolve complètement.
b) Retirer du feu et incorporer le sirop de fleur de sureau et le jus de citron.
c) Laissez le mélange refroidir à température ambiante.
d) Versez le mélange dans une sorbetière et barattez selon les instructions du fabricant.
e) Une fois baratté, transférez le sorbet dans un récipient à couvercle et congelez-le pendant quelques heures pour le raffermir.
f) Servez le sorbet aux fleurs de sureau dans des bols ou des verres réfrigérés pour un dessert délicat et floral.

SORBETS AUX NOIX

74. Orbet aux amandes

INGRÉDIENTS:
- 1 tasse Amandes blanchies; grillé
- 2 tasses Eau de source
- $\frac{3}{4}$ tasse Sucre
- 1 pincée Cannelle
- 6 cuillères à soupe Sirop de maïs léger
- 2 cuillères à soupe Amaretto
- 1 cuillère à café Zeste de citron

INSTRUCTIONS:
a) Dans un robot culinaire, réduire les amandes en poudre. Dans une grande casserole, mélangez l'eau, le sucre, le sirop de maïs, la liqueur, le zeste et la cannelle, puis ajoutez les arachides.

b) À feu moyen, remuez constamment jusqu'à ce que le sucre se dissolve et que le mélange bout. 2 minutes à ébullition

c) Laisser refroidir. À l'aide d'une sorbetière, barattez le mélange jusqu'à ce qu'il soit à moitié congelé.

d) Si vous n'avez pas de sorbetière, transférez le mélange dans un bol en acier inoxydable et congelez jusqu'à ce qu'il soit dur, en remuant toutes les 2 heures.

75. Sorbet aux galettes de riz et pâte de haricots rouges

INGRÉDIENTS:
POUR LE SORBET
- 2 cuillères à soupe de lait concentré sucré
- 1 tasse de lait

SERVIR
- 3 morceaux de galettes de riz gluant, enrobées de poudre de soja torréfiée, coupées en dés de ¾ de pouce
- 4 cuillères à café de flocons d'amandes naturels
- 2 cuillères à soupe de mini galettes de riz mochi
- 2 boules de pâte de haricots rouges sucrée
- 4 cuillères à café de poudre multi-grains

INSTRUCTIONS:
a) Mélangez le lait concentré et le lait dans une tasse avec un rebord pour verser.

b) Placez le mélange dans un bac à glaçons et congelez jusqu'à ce qu'il devienne des blocs de glace, environ 5 heures.

c) Une fois pris, retirez-les et placez-les dans un mélangeur, et mélangez jusqu'à obtenir une consistance lisse.

d) Placez tous les ingrédients dans un bol de service refroidi.

e) Dans le fond mettez 3 cuillères à soupe de sorbet, puis saupoudrez d'1 cuillère à café de poudre multi-grains.

f) Ajoutez ensuite encore 3 cuillères à soupe de sorbet, suivies de plus de poudre de céréales.

g) Placez maintenant dessus les galettes de riz et la pâte de haricots.

h) Saupoudrer d'amandes et servir.

76. Sorbet Pistache

INGRÉDIENTS:

- 1 tasse de pistaches décortiquées
- $\frac{1}{2}$ tasse) de sucre
- 2 tasses d'eau
- 1 cuillère à soupe de jus de citron

INSTRUCTIONS:

a) Dans un mixeur ou un robot culinaire, broyez les pistaches en une poudre fine.

b) Dans une casserole, mélangez les pistaches moulues, le sucre, l'eau et le jus de citron. Portez le mélange à ébullition à feu moyen en remuant jusqu'à ce que le sucre se dissolve.

c) Retirer du feu et laisser le mélange refroidir à température ambiante.

d) Passer le mélange au tamis à mailles fines pour éliminer tous les solides.

e) Versez le mélange filtré dans une sorbetière et barattez selon les instructions du fabricant.

f) Une fois baratté, transférez le sorbet dans un récipient à couvercle et congelez-le pendant quelques heures pour le raffermir.

g) Servez le sorbet à la pistache dans des bols ou des verres réfrigérés pour un dessert délicieux et noisette.

77. Sorbet Chocolat Noisette

INGRÉDIENTS:
- 1 tasse de lait de noisette
- ½ tasse) de sucre
- ¼ tasse de cacao en poudre
- ½ cuillère à café d'extrait de vanille
- Pincée de sel

INSTRUCTIONS:
a) Dans une casserole, mélanger le lait de noisette, le sucre, le cacao en poudre, l'extrait de vanille et le sel. Chauffer à feu moyen jusqu'à ce que le mélange soit bien mélangé et que le sucre soit dissous.
b) Retirer du feu et laisser le mélange refroidir à température ambiante.
c) Transférez le mélange dans une sorbetière et barattez selon les instructions du fabricant.
d) Une fois baratté, transférez le sorbet dans un récipient à couvercle et congelez-le pendant quelques heures pour le raffermir.
e) Servez le sorbet chocolat noisette dans des bols ou des verres réfrigérés pour un dessert riche et gourmand.

78. Sorbet noix de cajou et noix de coco

INGRÉDIENTS:

- 1 tasse de lait de cajou
- ½ tasse de lait de coco
- ½ tasse) de sucre
- ½ cuillère à café d'extrait de vanille
- Baies, pour garnir

INSTRUCTIONS:

a) Dans une casserole, mélanger le lait de cajou, le lait de coco, le sucre et l'extrait de vanille. Chauffer à feu moyen jusqu'à ce que le mélange soit bien mélangé et que le sucre soit dissous.
b) Retirer du feu et laisser le mélange refroidir à température ambiante.
c) Transférez le mélange dans une sorbetière et barattez selon les instructions du fabricant.
d) Une fois baratté, transférez le sorbet dans un récipient à couvercle et congelez-le pendant quelques heures pour le raffermir.
e) Servez le sorbet noix de cajou dans des bols ou des verres réfrigérés pour un dessert crémeux et tropical.
f) Garnir de baies.

79. Sorbet aux noix et à l'érable

INGRÉDIENTS :

- 1 tasse de lait de noix
- $\frac{1}{2}$ tasse de sirop d'érable
- $\frac{1}{4}$ tasse) de sucre
- $\frac{1}{2}$ cuillère à café d'extrait de vanille

INSTRUCTIONS :

a) Dans une casserole, mélanger le lait de noix, le sirop d'érable, le sucre et l'extrait de vanille. Chauffer à feu moyen jusqu'à ce que le mélange soit bien mélangé et que le sucre soit dissous.

b) Retirer du feu et laisser le mélange refroidir à température ambiante.

c) Transférez le mélange dans une sorbetière et barattez selon les instructions du fabricant.

d) Une fois baratté, transférez le sorbet dans un récipient à couvercle et congelez-le pendant quelques heures pour le raffermir.

e) Servez le sorbet aux noix et à l'érable dans des bols ou des verres réfrigérés pour un dessert aux noisettes et naturellement sucré.

SORBETS ALCOOLISÉS

80. Sorbet Bellini

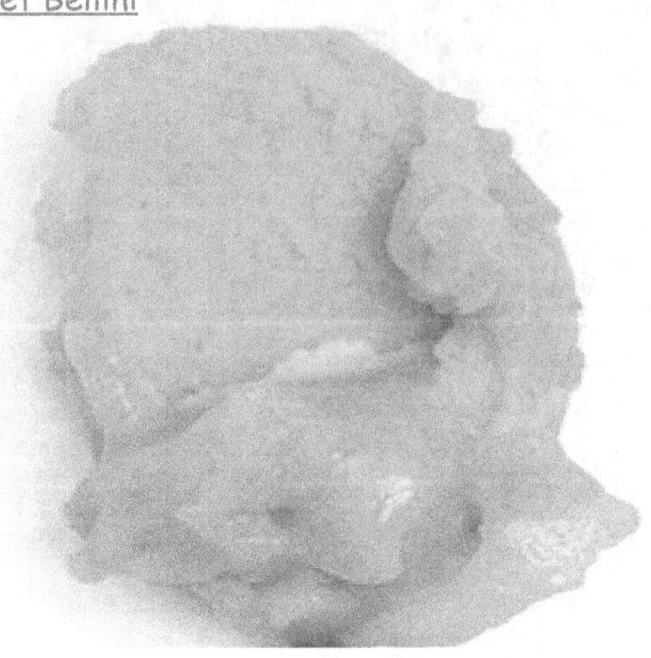

INGRÉDIENTS:
- 4 pêches mûres, pelées, dénoyautées et réduites en purée au robot culinaire
- ⅔ tasse de sucre
- ¼ tasse de sirop de maïs léger
- ⅔ tasse de Bourgogne blanc
- 3 cuillères à soupe de jus de citron frais

INSTRUCTIONS:
a) Cuire Mélangez les pêches en purée, le sucre, le sirop de maïs, le vin et le jus de citron dans une casserole moyenne et portez à ébullition en remuant jusqu'à ce que le sucre soit dissous. Transférer dans un bol moyen et laisser refroidir.

b) Mettre au frais Placer le fond de sorbet au réfrigérateur et réfrigérer au moins 2 heures.

c) Congeler Retirez le récipient congelé du congélateur, assemblez votre machine à glace et allumez-la. Versez le fond de sorbet dans le pot et essorez jusqu'à obtenir la consistance d'une crème chantilly très délicatement.

d) Emballez le sorbet dans un récipient de conservation. Appuyez une feuille de papier sulfurisé directement contre la surface et fermez-la avec un couvercle hermétique. Congeler dans la partie la plus froide de votre congélateur jusqu'à ce qu'il soit ferme, au moins 4 heures.

81. Sorbet Fraise Champagne

INGRÉDIENTS:

- 4 tasses de fraises fraîches, lavées et décortiquées
- 1 ½ tasse de champagne ou de prosecco
- ⅓ tasse de sucre cristallisé

INSTRUCTIONS:

a) Ajouter tous les ingrédients dans un mélangeur et mélanger jusqu'à consistance lisse.

b) Transférez le mélange dans une sorbetière et barattez selon les instructions du fabricant.

c) Mangez immédiatement ou transférez dans un récipient allant au congélateur pour refroidir jusqu'à ce qu'il soit ferme.

82. pommes et casis

INGRÉDIENTS:
- 2 ¾ tasses d'eau froide
- 1 (1 pouce) bâton de cannelle
- 1 ½ tasse de sucre granulé
- Pincée de sel
- ¼ tasse de pomme
- 4 cuillères à soupe de jus de citron
- 1 cuillère à soupe de zeste d'orange râpé

INSTRUCTIONS:
a) Mélangez dans une casserole l'eau froide, la cannelle, le sucre, le sel et la pomme.
b) Remuer jusqu'à ce que le sucre soit dissous. Porter à ébullition et laisser bouillir 5 minutes sans remuer.
c) Filtrez le liquide dans une casserole ou un grand bol et laissez refroidir un peu.
d) Incorporer le jus de citron filtré et le zeste d'orange râpé au mélange.
e) Bien refroidir et réfrigérer avant de congeler.

83. Sorbet Hibiscus-Sangria

INGRÉDIENTS:

- 2 tasses de vin rouge
- 1 tasse d'eau
- 1½ tasse de fleurs d'hibiscus séchées
- 2 cuillères à soupe de sirop de maïs léger
- 1 tasse de sucre
- Zeste râpé et jus d'1 petite orange
- 1 petite pêche
- 1 petite pomme acidulée
- ½ tasse de raisins rouges
- ½ tasse de fraises

INSTRUCTIONS:

a) Dans une casserole, mélanger le vin, l'eau, l'hibiscus, le sirop de maïs et ¾ tasse de sucre. Portez à ébullition à feu moyen et laissez cuire 5 minutes en remuant pour dissoudre le sucre.

b) Retirer du feu, incorporer le zeste et le jus d'orange et laisser refroidir à température ambiante.

c) Versez le mélange dans une passoire à mailles fines placée au-dessus d'un bol. Couvrir et réfrigérer jusqu'à ce qu'il soit froid, au moins 3 heures ou jusqu'au lendemain.

d) Environ 15 minutes avant de congeler le sorbet, dénoyautez et coupez finement la pêche. Épépinez et coupez finement la pomme. Coupez les raisins en deux.

e) Décortiquez et coupez finement les fraises. Mélangez tous les fruits dans un bol, ajoutez le quart de tasse de sucre restant et mélangez. Mettre de côté.

f) Congelez et barattez le mélange d'hibiscus dans une sorbetière selon les instructions du fabricant.

g) Lorsque le sorbet a fini de baratter, égouttez le mélange de fruits dans une passoire fine, puis mélangez les fruits au sorbet.

h) Transférer dans un récipient, couvrir et laisser durcir au congélateur pendant 2 à 3 heures.

84. Sorbet cocktail au champagne

INGRÉDIENTS :

- 1 ½ tasse d'eau, réfrigérée
- ½ tasse de jus de pamplemousse
- 1 tasse de sucre ultrafin
- 1 ½ tasse de champagne ou de vin blanc sec pétillant, réfrigéré
- 1 blanc d'oeuf moyen

INSTRUCTIONS :

a) Mélangez l'eau, le jus de pamplemousse et le sucre. Réfrigérer jusqu'à ce que le sucre soit dissous. Incorporez le champagne ou le vin mousseux.

b) Verser dans une sorbetière et mélanger selon les instructions du fabricant, ou dans un récipient de congélation et congeler en utilisant la méthode de mélange manuel . Barattez jusqu'à ce qu'il devienne fondant.

c) Fouettez le blanc d'œuf jusqu'à ce qu'il forme des pics mous. Ajoutez-le au bol de sorbet en barattant ou incorporez-le au mélange dans le récipient du congélateur. Continuez jusqu'à ce qu'il soit ferme. Congeler pendant au moins 20 minutes pour raffermir avant de servir. Servez le sorbet directement du congélateur, car il fond très vite.

d) Avant de servir, congelez brièvement les verres, avec une goutte d'eau-de-vie, de Cassis ou de Fraise dans le fond.

e) Ne le conservez pas plus de quelques jours.

84. Sorbet cocktail au champagne

INGRÉDIENTS :

- 1 ½ tasse d'eau, réfrigérée
- ½ tasse de jus de pamplemousse
- 1 tasse de sucre ultrafin
- 1 ½ tasse de champagne ou de vin blanc sec pétillant, réfrigéré
- 1 blanc d'oeuf moyen

INSTRUCTIONS :

a) Mélangez l'eau, le jus de pamplemousse et le sucre. Réfrigérer jusqu'à ce que le sucre soit dissous. Incorporez le champagne ou le vin mousseux.

b) Verser dans une sorbetière et mélanger selon les instructions du fabricant, ou dans un récipient de congélation et congeler en utilisant la méthode de mélange manuel . Barattez jusqu'à ce qu'il devienne fondant.

c) Fouettez le blanc d'œuf jusqu'à ce qu'il forme des pics mous. Ajoutez-le au bol de sorbet en barattant ou incorporez-le au mélange dans le récipient du congélateur. Continuez jusqu'à ce qu'il soit ferme. Congeler pendant au moins 20 minutes pour raffermir avant de servir. Servez le sorbet directement du congélateur, car il fond très vite.

d) Avant de servir, congelez brièvement les verres, avec une goutte d'eau-de-vie, de Cassis ou de Fraise dans le fond.

e) Ne le conservez pas plus de quelques jours.

85. Arc-en-ciel de Sorbets

INGRÉDIENTS:

- 1 boîte (16 onces) de poires tranchées ou coupées en deux dans un sirop épais
- 2 cuillères à soupe de liqueur de Poire William
- 1 boîte (16 onces) de pêches tranchées ou coupées en deux dans un sirop épais
- 2 cuillères à soupe de bourbon
- 1 boîte (20 onces) d'ananas écrasé dans un sirop épais
- 3 cuillères à soupe de rhum brun
- 2 cuillères à soupe de crème de coco en conserve
- 1 boîte (16 onces) de moitiés d'abricots dans un sirop épais
- 2 cuillères à soupe d'amaretto
- 1 boîte (17 onces) de prune au sirop épais
- 4 cuillères à soupe de crème de cassis
- $\frac{1}{4}$ cuillère à café de cannelle

INSTRUCTIONS:

a) Congelez une boîte de fruits non ouverte jusqu'à ce qu'elle soit solidement congelée, au moins 18 heures.

b) Plongez la boîte non ouverte dans l'eau chaude pendant 1 à 2 minutes.

c) Ouvrez la boîte et versez le sirop dans le bol du robot culinaire. Retirez l'autre extrémité de la boîte et retournez les fruits sur la surface de coupe.

d) Couper en tranches de 1 pouce, puis couper en morceaux et ajouter au bol du robot. Mélangez en pulsant et en éteignant jusqu'à consistance lisse. Ajouter le reste des ingrédients et mélanger juste pour bien mélanger.

e) Servir immédiatement ou verser dans le bol, couvrir et congeler jusqu'au moment de servir, jusqu'à 8 heures.

86. Sorbet Daiquiri Citron Vert

INGRÉDIENTS:

- 2 ½ tasses de jus de citron vert frais (10 à 12 gros citrons verts)
- Zeste râpé de 3 citrons verts
- 1 ⅓ tasse de sucre cristallisé
- 1 tasse de rhum
- ½ tasse d'eau

INSTRUCTIONS:

a) Mélangez tous les ingrédients dans un mélangeur ou un robot culinaire équipé d'une lame en métal.

b) Congeler dans une sorbetière en suivant les indications du fabricant.

87. Sorbet au calvados

INGRÉDIENTS:

- 1 ¾ tasse plus 2 cuillères à soupe de Calvados
- 3 cuillères à soupe de sirop simple

INSTRUCTIONS:

a) Faites chauffer 1 ½ tasse de Calvados dans une casserole à feu moyen jusqu'à ce qu'il soit chaud.
b) Éteignez le feu, reculez et touchez une allumette allumée au Calvados.
c) Laissez-le flamber jusqu'à ce que les flammes s'éteignent, environ 8 minutes. Incorporer les 6 cuillères à soupe restantes.
d) Calvados et le sirop simple
e) Versez le mélange dans le bol de la sorbetière et congelez. Veuillez suivre le manuel d'instructions du fabricant. 30 minutes.

SORBETS DE LÉGUMES

88. Sorbet à la betterave et au bortsch

INGRÉDIENTS :

- 1 livre de betteraves
- 5 tasses d'eau
- 2 ½ cuillères à café de vinaigre blanc
- 2 cuillères à soupe de jus de citron frais
- ¾ cuillère à café de cristaux d'acide citrique (sel aigre) ½ à ¾ tasse de sucre
- 2 ¼ cuillère à café de sel Crème sure Aneth haché

INSTRUCTIONS :

a) Lavez et frottez bien les betteraves. Coupez toutes les tiges sauf 1 pouce.
b) Mettez les betteraves dans une casserole avec l'eau. Placer sur feu vif et porter à ébullition.
c) Couvrir la casserole, réduire le feu à ébullition douce et cuire pendant 20 à 40 minutes, ou jusqu'à ce que les betteraves puissent être coupées en morceaux avec une brochette.
d) Laisser refroidir légèrement.
e) Égoutter les betteraves à travers une passoire fine dans une casserole. Réservez les betteraves pour un autre usage.
f) Mesurez le liquide et ajoutez suffisamment d'eau pour faire 4 tasses. Pendant que le liquide est encore chaud, ajoutez le vinaigre, le jus de citron, l'acide citrique, le sucre et le sel. Remuer pour dissoudre.
g) Goûtez et rectifiez l'assaisonnement si nécessaire. L'effet doit être aigre-doux.
h) Refroidissez soigneusement le bortsch. Verser dans le bol de la machine et congeler.

i) Garnir d'une cuillerée de crème sure et d'une pincée d'aneth frais.

89. Sorbet Tomate Basilic

INGRÉDIENTS:
- 5 tomates fraîches et mûres
- ½ tasse de jus de citron frais
- 1 cuillère à café de sel
- ½ tasse de sirop simple
- 1 cuillère à soupe de concentré de tomate
- 6 feuilles de basilic frais, hachées grossièrement

INSTRUCTIONS:
a) Peler, épépiner et épépiner les tomates.
b) Réduisez-les en purée dans un robot culinaire, vous devriez avoir environ 3 tasses de purée.
c) Incorporer le reste des ingrédients
d) Versez le mélange dans le bol de la sorbetière et congelez.
e) Veuillez suivre le manuel d'instructions du fabricant.

90. Sorbet Concombre-Lime Avec Serrano Chili

INGRÉDIENTS :

- 2 tasses d'eau
- 1 tasse de sucre
- 2 cuillères à soupe de sirop de maïs léger
- 2 piments serrano ou jalapeño, équeutés et épépinés
- 1 cuillère à café de sel casher
- 2 livres de concombres, pelés, épépinés et coupés en gros morceaux
- ⅔ tasse de jus de citron vert fraîchement pressé

INSTRUCTIONS :

a) Dans une petite casserole, mélanger 1 tasse d'eau et le sucre. Porter à ébullition à feu moyen en remuant pour dissoudre le sucre. Retirer du feu, incorporer le sirop de maïs et laisser refroidir.

b) Dans un mélangeur, mélangez la tasse d'eau restante, les piments et le sel et réduisez en purée jusqu'à ce qu'il n'y ait plus de morceaux visibles. Versez le mélange dans une passoire à mailles fines placée au-dessus d'un bol.

c) Remettez l'eau chili filtrée dans le mélangeur, ajoutez les concombres et mélangez jusqu'à consistance lisse.

d) Versez le mélange dans la passoire à mailles fines placée au-dessus du bol. Incorporer le jus de citron vert et le sirop de sucre. Couvrir et réfrigérer jusqu'à ce qu'il soit froid, au moins 4 heures ou jusqu'à 8 heures.

e) Congeler et baratter dans une sorbetière selon les instructions du fabricant. Pour une consistance moelleuse, servez le sorbet aussitôt ; pour une consistance plus ferme, transférez-le dans un récipient, couvrez-le et laissez-le durcir au congélateur pendant 2 à 3 heures.

91. Sorbet à la pâte de haricots rouges

INGRÉDIENTS:
- Une boîte de 18 onces de pâte de haricots rouges sucrée
- 1 tasse d'eau
- 1 $\frac{1}{2}$ tasse de sirop simple

INSTRUCTIONS:

a) Placez la pâte de haricots et l'eau dans un robot culinaire et réduisez en purée lisse. Incorporer le sirop simple.

b) Versez le mélange dans le bol de la sorbetière et congelez. Veuillez suivre le manuel d'instructions du fabricant.

91. Sorbet à la pâte de haricots rouges

INGRÉDIENTS:
- Une boîte de 18 onces de pâte de haricots rouges sucrée
- 1 tasse d'eau
- 1 ½ tasse de sirop simple

INSTRUCTIONS:

a) Placez la pâte de haricots et l'eau dans un robot culinaire et réduisez en purée lisse. Incorporer le sirop simple.

b) Versez le mélange dans le bol de la sorbetière et congelez. Veuillez suivre le manuel d'instructions du fabricant.

92. Sorbet maïs et cacao

INGRÉDIENTS:
- ½ tasse de masa harina
- 2½ tasses d'eau, et plus si nécessaire
- 1 tasse de sucre
- ½ tasse de poudre de cacao hollandaise non sucrée
- Pincée de sel casher
- ¾ cuillère à café de cannelle mexicaine moulue
- 5 onces de chocolat mi-amer ou mi-sucré, finement haché

INSTRUCTIONS:
a) Dans un bol, mélanger le masa harina avec ½ tasse d'eau.
b) Mélangez avec vos mains jusqu'à obtenir une pâte homogène. S'il est un peu sec, ajoutez quelques cuillères à soupe supplémentaires d'eau et réservez.
c) Dans une grande casserole, fouetter ensemble les 2 tasses d'eau restantes, le sucre, la poudre de cacao et le sel. Porter à ébullition à feu moyen en fouettant continuellement pour faire fondre le sucre.
d) Ajouter le mélange de masa, porter à ébullition et cuire en fouettant continuellement jusqu'à ce que le mélange soit bien mélangé et qu'il n'y ait pas de grumeaux, environ 3 minutes. Incorporer la cannelle et le chocolat jusqu'à ce que le chocolat soit fondu. Transférer la base dans un bol, couvrir et réfrigérer jusqu'à ce qu'elle soit froide, environ 2 heures.
e) Fouettez la base pour recombiner. Congeler et baratter dans une sorbetière selon les instructions du fabricant. Pour une consistance moelleuse, servez le sorbet aussitôt ; pour une consistance plus ferme,

transférez-le dans un récipient, couvrez-le et congelez-le pas plus d'une heure avant de servir.

93. Sorbet Concombre Menthe

INGRÉDIENTS :

- 2 gros concombres
- ½ tasse de feuilles de menthe fraîche
- ¼ tasse) de sucre
- 2 cuillères à soupe de jus de citron vert
- Pincée de sel

INSTRUCTIONS :

a) Épluchez et coupez les concombres en dés.
b) Dans un mixeur ou un robot culinaire, mélanger les dés de concombre, les feuilles de menthe, le sucre, le jus de citron vert et le sel. Mélanger jusqu'à consistance lisse.
c) Passer le mélange au tamis à mailles fines pour éliminer tous les solides.
d) Versez le mélange filtré dans une sorbetière et barattez selon les instructions du fabricant.
e) Une fois baratté, transférez le sorbet dans un récipient à couvercle et congelez-le pendant quelques heures pour le raffermir.
f) Servez le sorbet concombre-menthe dans des bols ou des verres réfrigérés comme une gâterie rafraîchissante et rafraîchissante.

94. Sorbet aux poivrons rouges rôtis

INGRÉDIENTS:

- 2 gros poivrons rouges
- ¼ tasse) de sucre
- 2 cuillères à soupe de jus de citron
- Pincée de sel
- Une pincée de poivre de Cayenne (facultatif pour une touche épicée)

INSTRUCTIONS:

a) Préchauffer le four à 400°F (200°C).

b) Coupez les poivrons rouges en deux et retirez les graines et les membranes.

c) Placer les moitiés de poivron sur une plaque à pâtisserie, côté coupé vers le bas.

d) Rôtissez les poivrons au four pendant 25 à 30 minutes ou jusqu'à ce que la peau soit carbonisée et cloquée.

e) Sortez les poivrons du four et laissez-les refroidir. Une fois suffisamment refroidi pour être manipulé, décollez la peau.

f) Dans un mélangeur ou un robot culinaire, mélanger les poivrons rouges rôtis, le sucre, le jus de citron, le sel et le poivre de Cayenne (le cas échéant). Mélanger jusqu'à consistance lisse.

g) Passer le mélange au tamis à mailles fines pour éliminer tous les solides.

h) Versez le mélange filtré dans une sorbetière et barattez selon les instructions du fabricant.

i) Une fois baratté, transférez le sorbet dans un récipient à couvercle et congelez-le pendant quelques heures pour le raffermir.

j) Servez le sorbet aux poivrons rouges rôtis dans des bols ou des verres réfrigérés comme apéritif ou dessert unique et savoureux.

95. Sorbet betterave et orange

INGRÉDIENTS :

- 2 betteraves moyennes, cuites et pelées
- Zeste et jus de 2 oranges
- $\frac{1}{4}$ tasse) de sucre
- 2 cuillères à soupe de jus de citron
- Pincée de sel

INSTRUCTIONS :

a) Coupez les betteraves cuites et pelées en morceaux.

b) Dans un mixeur ou un robot culinaire, mélanger les morceaux de betterave, le zeste d'orange, le jus d'orange, le sucre, le jus de citron et le sel. Mélanger jusqu'à consistance lisse.

c) Passer le mélange au tamis à mailles fines pour éliminer tous les solides.

d) Versez le mélange filtré dans une sorbetière et barattez selon les instructions du fabricant.

e) Une fois baratté, transférez le sorbet dans un récipient à couvercle et congelez-le pendant quelques heures pour le raffermir.

f) Servez le sorbet betterave et orange dans des bols ou des verres réfrigérés pour un dessert vibrant et acidulé.

SOUPES SORBETS

96. Sorbet gaspacho

SOUPES SORBETS

96. Sorbet gaspacho

INGRÉDIENTS :

- 2 ½ tasses de gaspacho réfrigéré
- 2 cuillères à soupe de jus de citron frais
- 1 cuillère à café de sel
- 1 tasse d'eau
- 1 tasse de jus de tomate
- ¼ cuillère à café de Tabasco
- 4 grains de poivre noir frais

INSTRUCTIONS :

a) Mélangez tous les ingrédients en ajustant les assaisonnements au goût.

b) Filtrez le mélange et réservez les morceaux de légumes.

c) Versez le liquide dans le bol de la machine et après 10 minutes de congélation, incorporez les légumes réservés et congelez jusqu'à ce qu'ils soient fermes.

97. Soupe de poulet et sorbet à l'aneth

INGRÉDIENTS:
- 1 litre de bouillon de poulet maison riche
- 2 cuillères à soupe d'aneth frais bien tassé et finement haché
- 2 à 4 cuillères à soupe de jus de citron frais
- Sel et poivre fraîchement moulu au goût

INSTRUCTIONS:
a) Mettez tous les ingrédients dans le bol de la sorbetière et congelez.

98. Sorbet Carotte Gingembre

INGRÉDIENTS :

- 4 grosses carottes
- Morceau de 1 pouce de gingembre frais, pelé
- ½ tasse) de sucre
- ¼ tasse d'eau
- 2 cuillères à soupe de jus de citron

INSTRUCTIONS :

a) Épluchez et coupez les carottes en petits morceaux.

b) Dans un mixeur ou un robot culinaire, mélanger les carottes hachées, le gingembre frais, le sucre, l'eau et le jus de citron. Mélanger jusqu'à consistance lisse.

c) Passer le mélange au tamis à mailles fines pour éliminer tous les solides.

d) Versez le mélange filtré dans une sorbetière et barattez selon les instructions du fabricant.

e) Une fois baratté, transférez le sorbet dans un récipient à couvercle et congelez-le pendant quelques heures pour le raffermir.

f) Servez le sorbet carotte-gingembre dans des bols ou des verres réfrigérés pour un nettoyant pour le palais vibrant et piquant.

99. Sorbet Consommé Aux Champignons

INGRÉDIENTS:
- 8 onces de champignons cremini ou de Paris, hachés
- 4 tasses de bouillon de légumes
- 2 gousses d'ail, hachées
- 2 cuillères à soupe de sauce soja
- 1 cuillère à soupe de jus de citron
- 1 cuillère à café de sucre
- ½ cuillère à café de sel
- ¼ cuillère à café de poivre noir

INSTRUCTIONS:
a) Dans une casserole, mélanger les champignons, le bouillon de légumes, l'ail émincé, la sauce soja, le jus de citron, le sucre, le sel et le poivre noir. Portez le mélange à ébullition à feu moyen.
b) Réduisez le feu et laissez mijoter le mélange pendant environ 20 minutes, permettant aux saveurs de s'infuser.
c) Retirer du feu et laisser le mélange refroidir à température ambiante.
d) Passer le mélange au tamis à mailles fines pour éliminer tous les solides et garantir un consommé onctueux.
e) Versez le consommé égoutté dans une sorbetière et barattez selon les indications du fabricant.
f) Une fois baratté, transférez le sorbet dans un récipient à couvercle et congelez-le pendant quelques heures pour le raffermir.
g) Servir le sorbet consommé de champignons dans des bols ou des verres réfrigérés comme apéritif savoureux et rafraîchissant ou comme nettoyant pour le palais.

100. Sorbet Concombre Pastèque

INGRÉDIENTS:

- 4 tasses de pastèque, épépinée et coupée en cubes
- 1 concombre, pelé et coupé en dés
- $\frac{1}{4}$ tasse) de sucre
- 2 cuillères à soupe de jus de citron vert
- Feuilles de menthe pour la garniture (facultatif)

INSTRUCTIONS:

a) Dans un mixeur ou un robot culinaire, mélanger les cubes de pastèque, les dés de concombre, le sucre et le jus de citron vert. Mélanger jusqu'à consistance lisse.

b) Passer le mélange au tamis à mailles fines pour éliminer tous les solides.

c) Versez le mélange filtré dans une sorbetière et barattez selon les instructions du fabricant.

d) Une fois baratté, transférez le sorbet dans un récipient à couvercle et congelez-le pendant quelques heures pour le raffermir.

e) Servir le sorbet pastèque concombre dans des bols ou des verres réfrigérés. Garnir de feuilles de menthe fraîche si vous le souhaitez, pour un éclat de fraîcheur supplémentaire.

CONCLUSION

Nous espérons que vous avez aimé explorer le monde des sorbets à travers « SORBET : des recettes rafraîchissantes pour des délices glacés irrésistibles ». Nous avons conçu ce livre de recettes pour inspirer votre créativité et vous encourager à expérimenter les saveurs, les textures et les présentations pour créer des sorbets qui ravissent vraiment les sens. Des combinaisons de fruits classiques aux touches uniques et exotiques, les recettes partagées dans ce livre de recettes offrent une variété d'options pour tous les palais. Que vous préfériez le piquant des agrumes, la douceur des baies ou la subtilité des herbes et des épices, les sorbets offrent des possibilités infinies. Alors prenez votre sorbetière, rassemblez vos ingrédients préférés et laissez libre cours à votre imagination tout en continuant à explorer le monde des sorbets faits maison. Que chaque boule glacée vous apporte de la joie, du rafraîchissement et une touche de douceur dans votre vie. Bravo pour de nombreuses délicieuses aventures glacées !

www.ingramcontent.com/pod-product-compliance
Lightning Source LLC
Chambersburg PA
CBHW071326110526
44591CB00010B/1034